ウィニング・アローン

自己理解のパフォーマンス論

プレジデント社

Winning Alone

ウィニング・アローン

はじめに

二〇一二年に引退して今年で八年になる。五輪はもうロンドンから数えて三大会目を迎える。二〇〇〇年から二〇〇八年の八年間が、三大会連続で出場していた期間だから、引退後に同じだけの時間が過ぎたと思うと、時間の速さに驚かされる。

引退後に経験したことは私の考え方に大きく影響を与えた。引退して社会の中で仕事をしたこと。家族ができ、子供を育てているということ。これらによって、幼少期の人間の育成とそれが人生に及ぼすであろう影響、競技時代の経験が社会に出てどう役に立ち、どう弊害があるかを実体験で知った。また、機会に恵まれてスポーツ以外のさまざまな世界の一流の方たちと交流することができ、現役時代にはなかった新たな知見を得ることもできた。特に認知科学や、社会心理の領域で教えていただいたことは、私が自身のこれまでを振り返るうえでも新たな視点を与えてくれた。

一方で、現役を終えたことで変わってしまうものもある。たとえば現役の頃は陸上の試合を見るだけで心拍数が上がり高揚したが、いまではほとんど何も感じなくなった。また、もう昔のように勝利するためなら何でも犠牲にできるとは思えなくなった。家族もいるし、社員もいる。もう少し継続可能な幸せを重要視するようになった。経験を現役時代の空気をまといながらまとめられるのはいまの年齢ぐらいが限界だろう。

二〇二〇年の東京オリンピックが近づくにつれ、選手のために自分に何かできないだろうか、と考えるようになった。人生で一度しかない自国での五輪を悔いなく迎えてもらうために。引退した選手のオリンピックへのかかわり方として最もわかりやすいのは強化コーチとして、あるいはメディアでの解説者として、というものである。私はできるだけ多くの選手のパフォーマンスの向上に直接かかわりたいと思ったので、この二つの選択肢ではなく、第三の道を選んだ。それは、自らの幼少期から引退までの全競技人生を通じて掴んだことを言語化するということだ。

選手が現役時代および引退後にその経験をメディア取材や出版物を通して語ることはあるが、個人の物語がパフォーマンスの観点から言語化されることは意外と少ない。指導者が本を書くこともあるが、オリンピック選手のコーチが小学生を見ることはないので、一人のアスリートの経験が最終的なパフォーマンスにどのように影響したのかということを分析するためのデータというのは実際にはきわめて少ない。

私は現役時代のほとんどの間、コーチをつけなかったので、ずっと自分の身体で実験をやってきたようなものだった。あるレベルまでは「これをやれば確実に強くなる」とか「高い確率でうまくなる」という理論のようなものがあるが、そこを超えて世界の頂点を目指す過程では、「効くかどうかわからないがやる」「誰もやっていないけどやる」といった挑戦が増えてくる。それを私自身がどうやって試行錯誤したか。失敗したことや後悔していることを含めて全部正直に書いてみようと思った。

それで、二〇一九年の一月から、毎週一本ずつブログに原稿をアップした。連載のタイトルは「私のパフォーマンス理論」としたが、気持ちとしては「後悔録」である。これを一年続けた。その間、アスリートとはかけ離れた仕事をしている人たちからもたくさんの感想やコメントをいただいた。それを読んで、スポーツ以外の分野でも状況の似ている人はけっこういるのかなと思った。強いプレッシャーの下、相談する人のいない状態で、高いパフォーマンスを出さなくてはならない人たちだ。

連載の読者でもあったあるコンサルタントの方が、「これはつまり、短所は長所であるという話ですね」と一言で言い切られたが、結論としてはそういうことになるかもしれない。自分の競技人生を振り返って感じるのは、自分を知ることの重要さだ。自分を知れば知るほど、短所と思っていたものが、じつは長所と一体であることがわかってきた。また、私は短所と思っていたものが長所として活かされるような場所を選んで戦ってきた。ある意味で私の競技人生は自分を知り、その扱い方を学ぶ過程だったと言える。

本書はその孤独な戦いの軌跡でもある。「後悔録」のつもりで書き始めたが、読み返すと生硬な表現や説教っぽいところも少なからずある。たぶん一番の想定読者が過去の自分なので、力が入ってしまったのだろう。また、私はパフォーマンスを分析するときに拠り所にしているのが、運動生理学、バイオメカニックス、心理学といったものなのだが、これが女子の長距離選手などであれば、かなり異なる分野の知見や知識や指標が重視されるかもしれない。自分というものを知るために何をモノサシとするのかは、競技によっても個人によっても、そしてどこで勝ちたいのかによっても違ってくる。

最高のパフォーマンスを出すためには、自分を知ることと同じくらい、自分は何を争っているのかを知ることが重要だ。

頂点を目指す戦いは孤独である。本書を通じてその孤独に少しでも寄り添うことができたらと思っている。

PART

I

「わたし」を形づくるもの

PART

Ⅱ

「わたし」の心をつくるもの

PART Ⅲ

「わたし」の身体をつくるもの

PART Ⅳ

「勝利」をもたらすもの

PART

I

「わたし」を形づくるもの

親について

　選手のパフォーマンスには当然、遺伝や生育環境など親の影響が相当にある。とはいえ、どこまでが遺伝的要因で、どこからはそうではないかを分けるのはとても難しいので、あくまで私個人の体験から、親から受けた影響が競技にどう反映されたかを考察してみたい。

　内容に入る前に私の家庭について簡単に紹介しておこう。私は広島に生まれ育ち、父親はサラリーマンで、母親は専業主婦、姉と妹の五人家族だった。一般的な家庭だったと思う。習い事もいくつかやったが小学三年生で陸上に夢中になり、それ以降は陸上の世界にどっぷりつかった。姉も妹も陸上をやっていて、姉は全国に出るようなレベルまでいった。両親ともにスポーツをしていたが目立った成績はない。父親は野球と陸上、母親は陸上。父親は当時の野球部の先輩後輩文化が嫌で、途中から個人競技の陸上に切り替えたそうだ。私はそういう父親の性格を継いでいるように思う。一方、私の骨格は筋肉質だった母親に似ている。父方の祖母は陸上の県大会で上位に入ったことがあったらしいが、祖父は運動音痴だ。祖母の弟に今西和男という元サンフレッチェの総監督がいる。
私の家にはこれといった教育方針はないと思って育ったが、大人になってから人に両親の話をすると、「子供の決定を尊重される家だったんですね」とよく言われた。たとえば、私は高校、大学を決める際、まったく親に相談しなかった。全部自分で決めて、後は経済的に問題ないか、どういう手続きをすればいいかを確認するだけだった。それでとくに何も言われたことはなかったので、大事なことは必ず一人で決めるという癖がついた。
このことは私の人生にかなり影響を与えている。まず、私は自立心が強い。また、人から指図されるのが嫌でコーチをつけなかった。こういう生き方は楽ではない。自分の選んだ進学先で嫌なことがあっても、全部自分で決めたものだから、誰かのせいにはできない。家で静かに下を向いて座っている母親に愚痴を言っているうちに、ふと冷静になって「もとはといえば全部自分で決めたことだ」と気付くことも何度かあった。こういうことの繰り返しで、最後は自分の人生の責任は自分で引き受けるしかないという感覚を強く持つようになった
もう一つ私の両親に特徴的なことといえば、私が陸上を始めた当初から、頑張れとも、負けるなとも、こう走れとも、諦めるなとも言わず、私の競技に口出しをしなかった。スランプになっても、メダルを取ってもそれは同じで、家でも競技のことにはほとんど触れ

ず淡々としていた。父親は二〇〇三年に亡くなったが、生前母親に、息子の人生の邪魔にならないよう、親はひっそり生きていこうと言っていたそうだ。

自分の子供に才能があるとわかった瞬間にはどこの親でも興奮するようで、私の母親も息子が運動会ですごい勢いで走るのを見て「これは大変なことになった」と思ったそうだ。スポーツでは、親の興奮が暴走して、子供に伝染してしまうことがよくある。次第に周りが見えなくなるぐらい練習にはまり込み、大人顔負けで勝負に賭けるようになっていく。子供よりむしろ親の方が夢中になっているように見える。その状態が数年続くと、子供は心身ともにすり減ってしまう。才能がある選手はサポートが足りなくて潰れるというより、介入されすぎてわけがわからなくなって潰れる方が圧倒的に多い。私はそれがなかったので運が良かった。

スランプなどの苦しいときでも、一喜一憂せず淡々と続けられたのも、親がほど良い距離を保ってくれていたからだと思う。それと関係あるかどうかは定かではないが、ある実験で、諦めやすい人間と諦めにくい人間の差を調べたところ、「何かあったときのリアクションが大きい」人間の方が諦めやすいという結果が出たそうだ。

ただ、私の親はノーリアクションだったわけではない。母親は何かにつけて人の話を聞いて面白がる癖があり、誰に言われたことでも「ははあ、なるほど」と言って感心する。母方の祖母もそんなところがあった。だから私は子供ながらに人が話す話には耳を傾けて面白がって驚くのが当たり前だという感覚を持っていた。

私はコーチをつけず、一人でトレーニングをしてきたが、その過程ではいろいろな人に話を聞いた。無意識ではあったが、振り返ってみれば「人の話をよく聞く」「人の話を面白がって聞く」という姿勢が役に立ったような気がする。教えたいと思えないような聞き方をしたり、人に教えてもらったことを素直に受け取れなかったりしたら、成長が鈍化していただろう。

他人とコミュニケーションをとる能力は、競技人生の前半はさほど必要ないが、レベルが上がり、技術の伸びも頭打ちになり、細かな部分で差がつくあたりになってから、重要になる。他人に質問したり、他人の話から学んだりできる人間とそうでない人間との差がついていく。私は早熟で、幼くして注目されていたこともあり、そのぶんプライドが高いところがあったので、「人の話をよく聞く」という「傾聴力」を身につけていたことは幸いだった。この傾聴力が私の競技の根本部分に影響を与えているとさえ思う。

私は人の話を聞くのも好きだが、本を読むのも大好きだ。これは寝る前の読み聞かせの影響だと思う。自分の息子にもだいたい毎日私か妻が読み聞かせをするようにしている。

まとめると、私に影響を与えた親の特徴は、

- 子供を個人として尊重する
- 淡々として一喜一憂しない
- 他人の話を感心しながら聞く

ということになる。どれも「教育方針」のような大げさなものではなく、自然な振る舞いとしてあったものだ。結局子供は親の真似をして育つ、ということなのだろう。私は考えごとをするときにポケットに手をつっこんで背中を丸めて歩く癖がある。ある日四歳の息子がポケットに手をつっこんで背中を丸めて歩いているのを見て、いろいろ観念したことがあった。

これはあくまでも私個人の話で、まったく違う育て方で一流の選手になった例もあるだろう。このような選手にはこのような親の方針が合っていたという一例として見ていただければと思う。

私なりの結論は、子供が才能を持っていると思った時点で一番いい親の態度は、「自分の人生に集中すること」だ。目標を持てと子供に言っている親自身に目標がなければ、子供はすぐにそれを察知する。負けるなと言っている親が、ちゃんと勝負しているかを子供はちゃんと観察している。だから細かいことは言わずに、このように生きてほしいという生き方を自分の人生で生きて見せるのが一番いいように思う。

子供の成功には親の与える影響は大きいが、最終的には本人次第である。本人が勝ちたくないものを勝たせることはできない。もちろん親の多大な助けはあったが、結局私は親のためではなく自分が勝ちたかったから最後まで走りきっただけだと思う。運が良かったのは、親がそれを許してくれたことだ。

どんなに才能があっても本人が最後の最後まで行きたくなければ行けない。もっと頑張ったら、もっと成功できるのにもったいない、と傍で見ていて思うこともあるだろう。でもそれも本人の人生だ。結局なるようにしかならない。

指導者のタイプについて

指導者は大きく先生タイプとコーチタイプの二つに分けられる。先生タイプはスポーツを通じた人間育成を目的としている。コーチタイプは競技力向上を至上目的としている。

先生タイプの良い点は、選手を人として育てることが目的なので、どのようなレベルの選手も満遍なく育てようとすることだ。うまくいけば生涯にわたって選手と信頼関係を築く。悪い点を言えば、ときとして人間的成長を競技力向上よりも優先させ、練習の目的が曖昧になる傾向がある。楽だが効果がある練習より、苦しくて仲間と一体感が醸成される練習を選びがちになり、それが練習の非効率化を招く。

コーチタイプの指導者は、選手とも適度な距離をとり、プロとして振る舞う。自主性が高く、競技志向が強い選手にとっては居心地がよい環境だ。なおかつ目的が「結果を出すこと」ときわめてシンプルなので話が早い。ただ、コーチと二人三脚を求めるようなタイプの選手にとっては冷たいと感じるかもしれない。勝利至上主義に走りがちでもあって、熱力が高いコーチが若年層を見ると、早くに頂点に達して燃え尽きる選手をつくってしまうこともある。

おおまかな傾向としては、中学高校程度であれば先生タイプが、大学生以上であればコーチタイプが向いている。日本では、どちらかというと先生タイプが多い。

以下、指導者のタイプを見分ける要素をいくつか抜き出してみた。

自由の範囲

指導者は枠を設け、その枠の中で選手に自由に選択させる。範囲が交渉可能な場合もある。一般的には選手に自由を与えた方がいいと言われるが、一定の制限があった方が人間はより創造性を働かせるので、この加減が需要だ。制限があった方が考えることが少なくて楽だという選手も多い。自由度が大きい指導者に、自由度が小さい方が向いている選手がついた場合は、「何も教えてくれなかった」という不満を抱きがちだし、自由度が小さい指導者に、大きい方が向いている選手がついた場合には、「がんじがらめだった」という不満を抱きがちになる。

執着心の強さ

執着心が強い指導者は、選手と一心同体になりたがるので、うまくはまると最高のパートナーシップができあがる。面倒見もいい。その裏返しとして、選手の去り際に執着したり、他の指導者に指導されることを嫌がる場合も出てくる。また離反したときの怒りは大きく、生涯にわたって敵対してしまうことがある。執着心が弱ければ選手が去っても飄々と新しい選手を指導するので、依存心が強い選手には寂しく感じるかもしれない。私のような自由を求める人間にとっては、執着心が弱い人はとても居心地がいい。

野心の強さ

どんな立派な指導者の中にも自分の野心（功名心）と選手の将来を願う想いは混在している。野心が強い指導者には、同じように野心が強く勝利に執着心がある選手が合う。一方で野心の中でも利己心が強い場合は、選手を自分の目標達成のための手段として捉え、使い捨てにする場合もある。野心がない指導者は、仲間同士の関係に意識を向けることが多い。あくまで仲間と楽しむことが目的であれば、野心の小さい指導者が向いているが、向上心が強い人間にとってはただの「仲良しクラブ」に感じる。

厳密さ

しっかりと統率されたチームは指導者が厳密さを持っていることが多い。いわゆる「厳しい指導者」だ。規律を大事にする選手とは相性がいいように思えるが、選手と指導者の厳密さの基準がずれているとお互いが我慢できなくなり、関係が破綻する。二人ともきれい好きのカップルでも互いのこだわりがずれていると耐えられなくなるのと似ている。厳密さにこだわらない指導者の場合、選手の自由度は大きくなるが、軸がなくなってしまう恐れがある。指導者の執着心が強いと、厳密さを重んじるチームはカルト的な空気を帯びることがある。

経験則とデータのバランス

データに基づく指導がもてはやされがちだが、競技の最前線ではそもそも母集団のサイズが小さすぎて、科学的には何とも言い切れない世界だ。だから経験則重視の指導者が成果を出すことが往々にしてある。ただ経験則重視で思い込みが強い指導者は、おかしな理論に傾倒することがある。データを信じる指導者は非常に抑制的で大きく間違うことはないが、独創的なアイデアを試すことには消極的になる。また、データ重視の人は批判的精神が強く、うまくいきそうなアイデアに対してもデータで裏付けがとれるまで「必ずしもそうとは言い切れない」という姿勢をとるので、選手が迷ってしまうことがある。

良い指導者は一様に自分も変化するし、選手も変化するということを信じている。学ぶということは自分も変わるということで、毎年少しずつ打ち出すメッセージが違ったりすればその指導者は変化していることになる。良い指導者は学び、学ぶ指導者は変化するので、変化する人は良い指導者になる確率が高い。また、学ぶ指導者は質問が多く、選手に質問されることや疑問をぶつけられることを喜ぶ。これはある程度普遍的な良い指導者の資質と言っていいと思う。

さらに良い指導者は普遍性と個別化のバランスがいい。指導はどうあるべきかという基本的な信念を持ちながら、一方で個別の選手の違いに対応することとのバランスを取っている。普遍性だけでは誰にでも同じ指導で融通がきかないし、個別化だけでは信念がない。バランスをとるためにはよく自問自答し、よく選手を見る必要がある。選手をあるがままに見るためには偏見を排除しなければならないが、人間に上下をつけたがる指導者は、その偏見によるバイアスから逃れられないので、長期的にはいい指導者にはならないだろう。

指導者には本当にたくさんのタイプがあり、誰にとってもいい指導者というのは難しく、自分に合う指導者を探す必要がある。日本のような流動性の低い状況ではマッチングミスが起きたときに解消することが難しいので、たくさんの才能が潰れている可能性がある。私はシステムとしてもっと自分に合うものを探せるよう流動性を高めるべきだと思っている。

私自身は一八歳で「自分で自分をコーチングする」というやり方になったので、指導者と組んだ時期はあまり長くない。仮に組むとしても自由度が高く、執着心がない指導者でないと耐えられなかっただろう。

指導者選びも選手にとっては勝つための一つの手段である。自分が主体で自分の中になりたい選手像があり、それを実現するために力を発揮してくれる指導者を、選手自身が選択すべきだ。そしてどんな指導者も万能ではない。問題を解決するのも、ヴィジョンを描くのも、結局は選手本人である。他人に依存した瞬間に、それは自分の競技人生ではなくなる。

集団について

私はチーム競技を行ったことがないが、陸上部などの集団には所属していた。個人競技といえども集団の影響は大きく、どこを選ぶかで個人のパフォーマンスも変わってくる。人間は日常的に一緒にいる人の影響を免れないからだ。

良い集団の定義は、何を目的としているかによって変わる。平穏な幸せを求める場合と、成長したい場合にとって、良い集団は違う。また立場によっても違いがあるだろう。ここでは個人が頂点を目指すという一点に絞った場合、どのような集団を選ぶべきか、また集団の中でどう振る舞うべきなのかについて書いていきたい。

集団選びで何より気にしなければならないのは視座の高低だ。どれだけ善い人で、どれだけ人格者でも、視座が低ければ頂点には行けない。むしろ視座が低い人格者は、低成長状態でも人を安心させて居場所をつくってしまうので厄介だ。

視座の高さの影響を説明してみよう。面白いことに世界一を目指す集団と日本一を目指す集団では、主観的な努力度（練習の辛さなど）はさほど変わらないことがある。視座の高さが違えば戦場選びから戦略、戦術に至るまで違い、それによって結果が変わる。

たとえば日本一になるという前提であれば私は四〇〇メートルハードルでなくても四〇〇メートル走という手もあったかもしれないが、世界一を目指すなら競技人口が少なく技術要素が高い四〇〇メートルハードルを選ばざるを得なかった。これは一つの例に過ぎないが、視座の高さによって戦う場も変わってくるのだ。視座が低い集団は、ああだこうだと選択肢を議論できるが、それは低い目標に至る道がたくさんあるからに過ぎない。一番上に行こうとすれば選択肢はほとんどない。

日本のスポーツ集団は西洋諸国と比べても同質性が高い。このような同質性の高い集団は一体感を好むので、仲間との結びつきも強くなるが、同時に馴れ合いも生じやすい。過度に同質性が強まると、仲間意識を感じることの方が結果を出すことより優先され始める。視座が低い集団でかつ同質性が強いと、集団の平均値に引き寄せようという力が嫉妬による足の引っ張りあいや冷笑主義、集団内政治、形式主義の形で現れ、高みを目指そうとする者に悪影響を与えるようになる。

視座が高い集団は「当たり前」のレベルが高い。目標が勇ましかったり、ビジョンが美しかったりするとつい人は惹かれてしまうが、目標の高さよりも言葉にもされていない「当たり前のレベル」の方がよほど競技力に影響していた。たとえば「足腰」ではなく「大腿四頭筋」「ハムストリングス」「中臀筋」などと分けて会話する集団では、これらの役割を分けて説明することが当たり前になっている。その結果、細かい筋の動きや役割を次第に正確に理解するようになる。

また、世界一になることを目指している集団では、いちいち日本での順位などの話が出ないので、そこにいると自分もだんだんそうなっていく。自分が所属する組織を選ぶときは、そこで当たり前にやっていることをよく観察することをお勧めする。

集団の言語を観察すれば当たり前のレベルが見えてくる。強い集団は結果だけを見据えているためにものごとをできるだけシンプルにして本質を掴もうとする。だから、小学生でもわかる言葉に落としこめる。結果を出すには努力の対象を絞る必要があり、そのためのロジックはシンプルでなければならないからだ。だから集団内での言語も明快で質問も端的であることが多い。反対に、強くないチームは、聞こえはいいが曖昧な言葉や、定義しにくい言葉を多用している。わかりやすく言えば横文字や流行っている言葉が多い。弱いチームには総じて「ごっこ」の空気が漂う。それっぽくは振る舞っているがそこに大した覚悟も根拠も明快さもない。

集団が伸びるときは、中堅ぐらいの選手が一気に伸びてムードをつくり、それを追随するようにみんなが伸びる。面白いのはスター選手が伸びても集団には大した影響がないことだ。人間は、無意識のうちに自分をカテゴリーの中に入れている。とくにスポーツは日々競争の要素があるので、自分の位置をいやがおうにも認識させられる。そうしてスター選手はいつの間にか「あいつは違うから」と別枠のエリートカテゴリーに入れられるようになる。

違うカテゴリーの選手が活躍しても、人はさほど悔しくないし、追いかけようとも思わない。ところが昨日まで自分と同じカテゴリーだった存在が活躍するとそうはいかない。昔は同じだったのにいつの間にあいつはあんなふうになったんだと思い、自分は何をやっているんだという悔しい気持ちと、あいつにやれるなら自分にもやれるんじゃないかという希望が生まれる。そしてそのうち何人かに火がついて、チーム全体が伸びていく。要はリアリティのあるサクセスストーリーが生まれると、集団が活性化するということだ。

もし自分が属する集団の視座が低く、なおかつ自分はその集団から離れられないとしたらどうしたらいいか。私のアドバイスは、付き合いはほどほどに、自分は違う人生を生きるんだと日々言い聞かせながらしのぐというものだ。もちろん理想を言えば、チームを変え、チームメイトの意識を変えて、みんなで活躍することだろう。チーム競技であれば勝つためにはチーム全員の意識を変えざるを得ないし、自分がリーダーをやっていても間違いなくそうするだろう。しかし個人競技の場合、チームは必要なく、そして時間もない。たとえば私の日本代表時代は二〇〇〇年から二〇〇八年の八年間しかなかった。たった八年間で、どの高さまでいけるかが競技者としての成否を分けるから、自分の競技人生をまっとうすることすら難しい。だから人を変えている暇はないのだ。

どのような集団を選べばいいかは簡単だ。自分がこうなりたいと思う人がいる集団を選べばいい。人は一緒にいる人に影響され、次第に似てくるからだ。私が若い頃に影響を受けたのは、高野進さんと、朝原宣治さんで、世界の決勝を知っている人と、世界に拠点を置いている二人だった。そういう人たちが何気なく会話している内容からたくさんの刺激を受けた。

私はなんとなく停滞すると所属する集団を変えていたが、いま考えるとそれは比較対象ができてすごく良かったと思う。世界一の選手がチームにいたこともあったが、彼は練習時間も曖昧で、食事も適当だった。それなのにこの瞬間というときに出る集中力と力がすごかった。それ以来、常時緊張感のあるチームは、逆にどこか形式主義的で本物に見えなくなったぐらいだ。

どんなことをやるにせよ、一度は質の高い本物の集団を見ておくといい。その経験がないとすごくない集団をすごいと思ったり、集団の粗探しをして不満を言うだけの人間になってしまう。どの集団に行っても愚痴ばかり言う人間は、集団に期待をしすぎている。集団に自分を変えてもらいたいと思っている人間を、質の高い集団は求めていない。

私は集団にいるとつい安心して変化できなくなってしまう弱い人間なので、集団に属しながらも完全に集団と一体になりきらないように注意をしていた。群れは魅力的だが、群れは人を弱くする。寂しい人間だと言われたこともあるが、私のような性格では集団と距離を置く基本姿勢は競技力向上に効果があったと思っている。

ライバルについて

競争の世界にはライバルがつきものだが、トップに近くなると、競争している相手も限られてくる。数名の、もしかするとたった一人のライバルと競い合うことも少なくない。ライバルは力にもなるが、心を乱す存在でもある。しかし、勝負から降りない限り、ライバルは避けては通れない。

ライバルと向き合うときに限らず、勝利を目指すうえで一番大事なのは、自分のやるべきことに集中することだ。ライバルの存在を気にしすぎて自分本来のやることがブレてはならない。ライバルの設定は自分の器を設定することでもある。ライバルというのは、いまの自分に近い人間だ。だからその相手に固執すると必然的に自身の伸びが止まる。山登りを例に出すと、ライバルは自分の視野に入っている少し前やすぐ隣を歩く人間だ。ところが、山頂を見れば上には上がいて、横の人間や少し前の人間にこだわっているわけにはいかない。横のライバルにこだわる人間は、結局のところ横と同じスピードでしか登れない。抜いたら次を見据え、抜いたら次を見据えるのが肝心だ。山頂に近くなって人数も少なくなってきたら、もう少しターゲットを絞って意識をしてもいい。

調子を崩しているときは、ライバルがやっていることが正しく見える。自分が間違っていて、あっちがやっていることが正しいから負けているのではないか、そう思いがちだ。しかし、実際にはただ相手が勝っていて、ただ自分が負けているだけでしかない。格闘技や球技などと違って、試合中に他者に直接影響を及ぼせない陸上競技においては、敗北の理由は常に自分にある。敗北をもたらした問題への対策はライバルの好不調とは関係なく、常に行われていなければならない。ところがライバルを意識しすぎると問題設定が歪んでしまう。ライバルから学べることもあるが、ライバルに関してはとかく感情的になりやすいということは自覚しておきたい。

競争心が強い人間はライバルと出会うと、ムキになりやすい。ムキになると人間は目の前の相手に勝つことに固執し、遠くを見ることができなくなる。ライバルが世界一の場合ですでにそこに近づいているならばそれでもいいが、そうでなければまだ見ぬライバルとの戦いの方がよほど重要だ。たとえば陸上の四〇〇メートル競走で、現時点でのライバルが後半に粘るタイプの場合、前半に飛ばすと後半で追いつかれる気がして怖い。だから、勝つために前半はセーブ気味で走るようになる。それを繰り返すといつしかそれが癖になる。そして、世界に出たときに前半から思い切って飛ばせなくなっていて、それが自分の成長を邪魔する。

井戸の中の戦いと大海での戦いはやり方が違うのだ。ムキになった人間は、ライバルに対して、ときに意味のない競い合いを仕掛けてしまう。相手がたくさん走ればもっと走ろうとし、相手がいいコメントを出せば自分も出そうとする。ムキになる人間はライバルを意識しすぎて近視眼的になる。だから、ある限られたエリアでは勇ましく激しく競っているように見えても、一歩引いてみるときわめて小さなことにムキになって時間と力を浪費していることがある。

一方で、競争心がさほど強くなく、空気にのまれやすい人間は、一度でもライバルに対して敗北を意識すると、それに縛られるようになる。人間は不思議なもので自分の立ち位置や役割ができると、嫌だと思いながらもそこに収まるようになってしまう。たとえ二番だったときでも、代表にはなれたんだからいいや、一位には負けてもそれ以外の選手には勝てているからいいや、などと自分を納得させるための理由を探し始める。「敗者の先頭」はそれなりの優越感も味わえて心地よいが、それは決して勝者ではない。このように精神的に屈服しているときには、ライバルに勝つことを自分の中で諦めている。これを打破するには、とにかく勝つことを躊躇するなと自分に言い聞かせることだ。きっかけは局所的な勝利にある。全部は勝てなくてもある一点だけ勝てれば、もしかしていけるんじゃないかという希望を自分に抱かせることができる。

ライバルはモチベーションにもなる。私の人生を振り返っても、ライバルがいなければここまで頑張れなかった。とくにメダルを取った直後、種目こそ違え、二〇〇メートル競走で銅メダルを獲得した末續慎吾選手がいたこと、同じ四〇〇メートルハードルで成迫健児選手が出てきたことは私の競技人生に大きく影響している。彼らがいなければ、おそらく二つ目のメダルもなかったと思う。ライバルはその瞬間においては嫌な存在だが、振り返ってみるとこれほどありがたい存在はない。付き合い方さえ間違えなければ、ライバルは自分の限界を引き上げてくれる。

一方で、いま振り返ると、私はフェリックス・サンチェス選手（ロンドン、アテネの四〇〇メートルハードル金メダリスト）に対しては、半分諦めていたように思う。身体的な限界から来るものか、心理的ブロックがそうさせていたのかわからないが、いずれにしても彼に自分が勝つイメージをどうしても描くことができなかった。

競技者はよそ見をしてはならない。周辺をキョロキョロする人間は長期的には脱落する。周囲の人間を観察するのは、あくまでそこから学習し、自分の競技力向上に活かすためでしかない。最後は自分の試合に集中した者が勝つ。ライバルとは、自分の試合に集中することの大切さを教えてくれる存在だ。ただし自分にとってはただの風景に過ぎない。そのことを忘れてはならない。

ロールモデルについて

スポーツでも何でも、それを始めたきっかけとなるのが憧れであることは多い。私の場合はカール・ルイスだった。あんな選手になりたいと願いながら、懸命に練習した。ロールモデルを持つことの効果は大きく、基本的にはプラスに働く。やる気が出て頑張れる。だが、頂点を目指す中で一定のレベルを超えると、ロールモデルの設定の仕方次第で伸び止まる可能性がある。

普通、人間は現在の自分よりもずっと秀でている存在をロールモデルに選ぶ。いまの自分でも手が届くような相手はロールモデルにはなり得ない。人間は、はるか高みにいる存在に憧れる。平たく言うと自分ではとうていできないようなことがやすやすとできている人、ということになるが、これは自分の苦手分野を得意としている人でもある。つまり、コンプレックスの投影先となるのだ。プレゼンが苦手な人はプレゼンがうまい人をロールモデルとして、あんなふうになりたいと努力する。ここに落とし穴がある。

自分とは違うタイプを憧れの存在に選び、そこに向かっていくとどうなるのか。最初は自分の苦手なことに取り組むいいドライブになるが、少しずつ技能が高まってくると、どうしても最後の最後はしっくりこないということが起こる。熟達して、レベルが上がれば上がるほど、自分の強みで勝負しなければ勝てなくなるし、弱みは磨いても結局人を凌駕するほどにはならない。もともと得意なことをもっと得意にするための努力と、もともと苦手なことを得意にするための努力と、どちらが大変か考えてみるといい。

かつては（いまもかもしれないが）、陸上はアメリカが圧倒的に強かった。私は一時期、彼らのようになりたいと思ってチームに入り、彼らの真似をした。考え方も、動き方も、話し方すら真似をしようとした。しかし表面は真似できても、どうやってもそうなれなかった。何かが根本的に違ったのである。

たとえば歩行の仕方は、文化圏で違いがあり、これは幼少期の環境に依存し、一度習得すると生涯にわたって変わることはほぼない。日本人は左右のブレが少なく上下動が少なく、歩幅は狭い。アメリカ人は左右のブレが大きく上下動も大きく、歩幅が大きい。これは人種よりも文化の影響が大きいようだ。二足歩行の延長線上に走行があるから、どうしてもこの歩行様式に引きずられる。私も意識してアメリカ人のように体を上下に揺さぶったこともあるし、左右に振ったこともある。けれども、一緒に走りながら身体内で起きているリズムが決定的に違うと感じた。わかりやすく言えば、チームメイトは胴体の中心から煽るような力が出るように見えたのだが、私はどうやってもそれが出ないで水平移動にしかならなかった。

結局、真似は真似でしかない。当たり前といえばそのとおりだが、これを受け入れるときは心理的抵抗があった。変えられないものは変えられないし、なれないものはなれないと割り切ることは、逃げであり、努力の否定であり、何よりも敗者の考えだと習ってきたからだ。しかし、実際にグラウンドで違う文化圏の人間と、また飛び抜けた才能の人間と対峙し続けると、どうしても変えられない特徴を直視せざるを得なくなる。自分とはどのような特徴を持った存在か。この特徴を弱みにせず、逆に活かすにはどうすればいいか。そういう考え方をするようになった。

だからといって海外の情報を遮断するとか、自分以外の考えを聞かないということではない。自分の変えられないものを理解し、変えられるところは変え、何事も自分らしく解釈し直して取り入れるという考えに変わったということだ。「こうであったらかっこいいな」という考え方をやめて、自分本来の特徴を活かすにはどうしたらよいかに集中した。大きな力を出す方向よりも水平移動を心がけて、効率化を目指した。憧れの選手ではなく、自分の延長線上にありそうな選手をベンチマークにした。

もう一つロールモデルの設定で陥りがちなのは、その時々に飛び抜けて活躍している人につい引き寄せられてしまうことだ。私は若いときはこの傾向がとても強く、いま旬の選手の動きを真似するということを繰り返し、何度も失敗した。スポーツの頂点に近い世界では、実際に科学的根拠のある情報を探そうとしても、母数が少なすぎて参考にならない。たとえばこの本を書いている時点において、九秒台で走った日本人は三人しかいない。しかも三人とも統計的には例外と言ってもよく、実際に彼らがやっていることの何が速さに影響しているのかほとんどわからない。観察して洞察するしか理解する方法がない。

トップ選手というのは強い輝きを放つ。未熟な選手はそれに引き寄せられてしまう。トップ選手を分析してすごさを語るということはよくあるが、往々にして「いまあの人が一番速いんだからきっと正しいことをしているはずだ」という程度の理解しかない。

人はそれぞれ違い、ある人にはよくてもある人には機能しないという個別性の原則が、頭ではわかっていても若いときは受け入れられなかった。でもこの年齢になると少し冷めて見られるようになる。選手にも栄枯盛衰があり、いくら輝いていてもいつかは輝きがなくなる。一〇年もしたらいまのトップ選手たちは次世代の選手に倒され、その選手たちも一〇年経てば倒される。

昔トップにいた選手が負け始めると、昔の強さの源泉であった特徴が今度は悪い癖に見えるから不思議なものだ。人間の目は、結果によって良いか悪いかを決め、そこから原因を探す癖がある。だから輝いている選手を見るときは努めて冷静にならなければならない。無意識に何が良いところなんだろうと探している可能性がある。実際にはトップ選手にも悪いところはある。同じように調子が悪い状況の選手や自分に対し、無意識に何が問題なんだろうと人は探しがちだ。調子が悪くても良い点はあるはずなのに。

結局のところは、良いトレーニングは普遍性と個別性のバランスにある。普遍性は誰にも通用するエビデンスのあるトレーニングで、個別性は自分の特徴を活かしたトレーニングのことだ。重要な点は変えられるものは変え、変えられないものを変えずに活かすということだ。性格などは変えられると思われがちだが、根本的には変えられないと思った方がいい。ただ、表現の仕方を変えることは可能である。

もし自分の特徴を知りたければシンプルな方法がある。それは友人一〇人に自分とはどんな特徴を持った存在かを聞くことだ。自分の認識とずれていることが出てきたら、友人の意見を参考にする。人間は自分で認識する自分と、他者が認識する自分があり、後者の視点は自分にとっては意識されない。そして特に若いときは後者の方が的を射ていることが多い。

ロールモデルの話からずれてしまったが、自分とかけ離れた人に自分を近づけようと努力するよりも、自分をよりよく知ることの方が、勝利に近づくための近道であるということだ。カール・ルイスには私はなれなかった。しかし、為末大をそれなりに極められたとは思う。

質問の仕方

私はコーチをつけないという選択をしたので、自分で自分をコーチングする必要があった。コーチがいないことのデメリットの一つは、自分の姿を客観的に把握しにくくなるというものだ。もう一つのデメリットは自分で情報を探しに行き、取り組み方を変えないと同じところをぐるぐる回って成長できなくなってしまうことだ。自分なりに試行錯誤し、いろいろと取り組んだ結果、客観性を確保するには他人に質問をすることが一番いいと思うようになった。

私にとって、「質問」は競技力向上のうえで重要なスキルだった。人間の頭は質問されて動く。まずなぜそうなのかという疑問（質問）が浮かび、それに応えるように思考が展開していく。他人に質問して答えてもらうことは、思考を外部に委託しているようなものだ。質問と答えの関係を見ることで、考え方の新しいパターンを手に入れることができる。

競技者が質問をする大前提として、相手の答えをちゃんと受け止めるという心構えでいなければならない。受け止めるということは相手の言葉によって自分が変わることを厭わないということだ。質問はするが、まったく意見を受け入れず、自分も変わらないという人間がいる。こういう人間には、「どうせあいつは変わらないのだから」と、いずれ当たり障りのない返答しかこなくなる。質問に他者が答える内容は、質問をする人間がその答えによってどう反応するかに影響されている。質問に答えることで相手が変わることがわかると、人は面白がって質問に対して懸命に考えるようになる。働きかけても反応がない者には人間は興味を持たない。

私が意識していた質問は大きく分けて二種類あった。一つは自分を知るための質問、もう一つは自分ではない対象についての質問だ。自分を知るための質問はなるべく多くの人に聞き、自分ではない対象についてはその領域に明るい人や事実関係に詳しい人に聞くようにしていた。以下、質問の例を挙げる。

自分を知るための質問

「私の姿はあなたからどう見えていますか」

「私が他の選手と違う点は何ですか」
「あなたが私だったら何をしますか」
「いま私が一番直した方がいいと思うところはどこですか」
「これまでの私といまの私で変わった点は何ですか」
「私は何が得意そうに見えますか」
「私は何をしているときが楽しそうですか」
「私がいまやっていることでやめた方がいいと思うことは何ですか」

自分に対しての質問は、答えを聞きたくないから質問しないという人も少なくない。聞きたいことを相手が話してくれるとは限らず、また知らない自分を見るのは精神的にも苦痛を伴う。精神安定を保つうえで聞かない方がいいこともあると思う。ただ、他者からの見え方を知ることができると自分の姿を客観的に把握しやすくなる。

傾向として、自分がどう見えているかについて質問をする数が少ない選手は、近視眼的で、思い込みが強い傾向にある。これはこれで強みでもあるから、こういったタイプの選手はコーチをつけてコーチの筋書きどおりやる方がいい。

自分ではない対象についての質問

「○○についてどう思いますか」

「○○は端的にいうと何だと思いますか」

「○○は今後も続くと思いますか」

「○○は専門家の領域ではどう評価されていますか」

「○○に対しての反論はどのようなものがありますか」

「○○のベースとなっている本、論文、データはありますか」

「○○に関することで読んだ方がいいと思う本を一つ挙げるとしたらどれですか」

わからない領域に関して質問するときは、「何がわからないか」を説明して質問すると相手も答えやすい。競技者にとって質問するべき対象は、トレーニング方法、他の選手、スポーツ界で起きている現象などが多いと思う。とくにトレーニング方法は奇抜なものがときどき出てくるが、これらが専門家領域でどう捉えられているかは確認しておいた方がいい。私の経験上、新しいトレーニングの九割は過去にすでにあったものの焼き直しか、または根拠のないものだった。また、他の選手に対しての評価を他者に聞くことで、その選手の特徴がどこにあるのか、評価者はどういう点に注目しているのかという二つのことが理解できる。これらの繰り返しで人間への理解が深まったように思う。

質問こそが、コーチのいない選手に与えられた武器である。質問をうまく使える選手は、自分を成長させることができるし、さらにその先には他者を成長させることもできるようになる。なぜならば質問に答えている側もまた、質問によって考えをより深めることもあるからだ。

メディアについて（ソーシャルメディアを含む）

それなりの競技成績を残したアスリートにとって、メディアとの付き合いは必ず出てくる。また、最近ではソーシャルメディアも発達し、誰もがメディア的な発信機能を持っている。有名になれることを喜ぶ選手ばかりではなく、嫌がる選手もいるが、メディアとの付き合いは避けては通れないし、避けるべきではないと私は思っている。

オリンピック選手がいくらメディアと距離をとろうとしてもオリンピックというシステムがすでにメディアを組み込んだものになっているので逃れようがない。オリンピックが価値を持っているのはもちろん一流の選手が懸命に戦う姿にあるが、その価値をさらに上げるべくメディアを通じてオリンピックが世界中に発信され、そこから大きなお金が生まれるようにしたからだ。商業化が始まったロス五輪までは選手は一部自費で五輪に行っていたが、いまのオリンピック選手たちは豊かになっている。

オリンピックに限らず、ワールドカップや世界陸上、世界水泳なども同じである。また、昨今はソーシャルメディアがあるので、世界大会に出るような選手でなくても、アスリートであれば（アスリートでなくても）メディアとの付き合いは考えておく必要がある。逃れようがないならちゃんと向き合ってより良く使った方がいいではないかというのが私の考えだ。

では、実際にメディアと向き合う際に何を意識したらいいのか。まず忘れてはならないのは選手は「メディア」ではなく、メディアを通じてありとあらゆる人と向き合っているということだ。目の前にいるのは一人の取材者かもしれないがその向こう側には多くの人がいる。ツイッター上で反応しているのは誰か一人かもしれないが、そのやりとりを数万人が見ているかもしれない。メディアとの振る舞いを突き詰めると、究極のパブリックの振る舞いということになる。人種、性別、宗教、政治観、ありとあらゆる多様な価値観を持った人間に対して私たちは発言をしている。それを押さえておくのがとても重要だ。ソーシャルメディアが発達した現在は、すべての発言はヤフーのトップに出る可能性があると覚悟しておいた方がいい。

人間は反応に弱い。たとえば過激な発言をすると世間からなんらかの反応がある。反応があるとそれに反応して、さらに過激な発言をする。いじめも、ギャンブルもすべてこの反応に対する依存が根本にあると私は考えている。人間はつい反応をほしがって、徐々に反応にコントロールされていくのだ。そうやって「キャラ」ができあがっていく。

本当は自分がとった行動を鏡が映しているだけなのだけれど、人はそのうちに鏡の中で起きているできごとに夢中になり、一喜一憂するようになる。私もメディアを通じた世間の反応に大いに影響される人間だったから、SNSを含むメディアに対峙するとき、自分自身のゼロ地点を常に意識するようにしていた。そのために一番有効なのは集団と一定の距離をとること、そして一人で自問自答する時間をつくることだ。私はそういう時間の中で、一〇年後の自分が見てどのように見えるかをいつも意識していた。

もう少しテクニカルな話をしたい。メディアは種類によってこだわりが違う。テレビは絵にこだわる。見た目の映像のことだ。だから、出る側も絵で判断されている。たとえばあなたはリオ五輪、ロンドン五輪、北京五輪と言われて、どの場面を思い出すだろうか。テレビで見ていた人は、ほとんど何かしらの絵が浮かぶだろう。では、その絵と同じくらい鮮明に選手のコメントも覚えているだろうか？　人の記憶に残せるものは、ある一瞬の姿だけだ。それを知っている映像系のメディアは人間が我を忘れて自分を曝け出している姿を撮ろうとする。人間は、そういう人間の生の姿が見たいからだ。スポーツは生の場面が頻繁に現れるので、強いコンテンツになっている。ドラマチックな絵は選手が意識してつくれるものではない。もし何かを意識するなら、「自分らしさ」ということではないか。絵は自分らしくなく演じた振る舞いも晒してしまうからだ。

一方で、活字のメディアは字にこだわる。たとえば「オリンピック・パラリンピック」だけで一三文字も使ってしまう。「五輪」にすれば短いが、五輪という言葉に人はパラリンピックが含まれると認識するだろうかということに、文字制限のある活字系メディアはこだわらざるを得ない。また見出しも短くわかりやすくしなければならない。このような特性があるので、活字のメディアの記者と対峙するときはなるべく事実関係をクリアにして、わかりやすく話す。丁寧に説明するところは同じだが、映像と活字では要点が言葉なのか絵なのかの違いが大きい。

自分が良い成績を残したときはとくに気を付けなければならない。本当のファンは少し反応が遅く、旬のものを追いかけるメディアは行動が速い。すぐに反応があったものに振り回されてはならない。自分が旬になったとき、舞い上がるのは人間の性なのでしょうがないが、これまでそしておそらくこれからもずっと応援してくれるであろう人を忘れないようにしたい。長く見てくれている人にとっては、旬に踊らされている姿もよく見えるからだ。旬は短いから旬なので、いずれ旬が去ったときにまた淡々とした日常がやってくる。

自分が裸だったのかどうかは喧騒が去ったときにようやくわかる。

私が運が良かったのは、それほどメジャーではないハードルという競技だったから、いくら言いたいことがあってもそれを伝えてくれるメディアがなかったことだ。そのときのフラストレーションがあるから、いまになっても目の前の人が自分の話を聞いてくれるという感動が薄れていない。また、一時期、ありとあらゆるメディアの取材を受けた時期がある。少女漫画の雑誌もあれば、宗教に関するもの、何でもあった。それを繰り返すうちハードルのことを説明するにも、相手の人生経験を想像しながら話さないと伝わらないということを理解できるようになった。振り向いてもらえなかった期間が長いので、メディアに対する愛着も深いのかもしれない。

最後に私が好きな言葉を。どこかの選手の言葉らしいが、調べても出てこなかったので出典不明で紹介したい。

「アスリートには勝ちたい選手と、何かを伝えるために勝ちたい選手がいる。私は後者でありたい」

日本の特徴

よく日本人が活躍すると、「日本人の特徴を活かして得た勝利」という話が出る。そのような話からわかるように、日本人の最大の特徴は日本人にこだわるところだろう。他国の選手に質問すると一応それらしいことは言うが、実際にはあまり意識していないように感じる。それだけ日本文化が濃いということなのかもしれないが。

そうは言ってももちろん文明圏や国ごと文化ごとに違いはある。そしてその違いをある程度認識しておくことが戦略を立てるうえでも、自分のエラーを減らすうえでもプラスになる。私の感覚では選手それぞれを分析して、国や文化による違いは二割程度だと思う。今回は身体的な特徴や組織的な特徴には言及せず、あくまで陸上競技の現場で感じた日本人個人の中にある特性を説明してみる。もちろん個人差もあるので、あくまでそんな傾向があるという程度で読んでもらえるとありがたい。

私が現場で感じた日本の特徴は以下の三点に絞られる。

・継続
・マニアック
・集団情緒的

以下、それぞれについて説明してみたい。

継続

日本人の最大の特徴は継続できることだと思う。継続とは我慢であり、執着でもあり、また決断ができないことでもある。日本人は、それまで続いてきたものを、これからも当たり前のように続けるという性質が強い。だから、始めるには労力がいるが一旦始まったものは意識しなくても続いていくし、反対に止めようと思ってもかなりの力を使わないと止められない。要するに慣性の法則が働いている。

この性質が最大にプラスに働くのは、技術系競技だ。とくに細かく繊細な技術を必要とする競技は、動作の繰り返し回数に従って精度が高まる傾向にあるので、日本人の継続を好む性質がプラスになる。また、我慢が必要な長距離系にもプラスに働く。日本人が平均して能力が高いのは、この継続力があるからではないかと思っている。

継続するということは、止められないということでもあり、計画し過ぎるということでもあり、変化できないということでもある。いま思いついたことをその場で試してみるということが苦手で、創造性が必要とされるような競技が苦手、思い切った決断などが苦手という印象がある。さらに、練習も量を好みがちで、若いときに大量の練習をこなすので、繰り返して力を出すことはできても、いざというときの一回で大きな力を出すことが不得意になる傾向にある。だから平均的な選手はたくさんいるが、突き抜ける選手があまりいない。それはそのような選手が生まれてこないからというよりも、継続の力によって成長の段階で平均に寄せられてしまうからだと思う。

マニアック

日本人はこだわりが強い。とくに細部のこだわりには相当なものがあり、本当に微細な誰も気付かないようなところまでこだわり抜く。これがクラフトマンシップになり、海外からすると驚かれるようなものを生み出す。

このマニアックさが最大限に活かされるのはやはり技術系種目のコーチングで、日本は技術のコーチングについては世界で最も優れていると思う。とりわけ触覚のセンスに優れている。本当に細かい技術や、繊細な感触を伝達することができるから、技術種目（卓球、バドミントン）、演技系種目（体操、フィギュアスケート）は伝統的に強い。

一方で、こだわりの強さは細かく集団を分けることにもつながる。細部へのこだわりが、ただでさえムラ的になりがちな競技の世界をさらに細かいムラに分けてしまうのだ。互いの同じ点より違う点を見出して、小さな流派をたくさん生み出してしまう。また、大きく捉えて、要点を掴むことが苦手なので、シンプルな競技では後れをとっている。日本人はフィジカルが弱いという表現をしているが、私は半分ぐらいはこの細かいことにこだわり過ぎる性質が影響していると思う。ざっくりと全体を捉えて思いっきり力を出す、という動きができない。細かいことにこだわり、ものごとを複雑にし過ぎてしまう。

集団情緒的

日本人は心の民族だと思う。常に人の気持ちを考え、相手がこう思っているということを先取りして動くということが日常的に行われる。明文化されない心の読みが多い。また、自分よりも他者や集団を優先する傾向にある。

これが影響してか、モチベーションの理由を外部においた方が日本人は頑張れる傾向にあると思う。自分で勝ち取るというよりも、集団に必要とされてという局面を好む。自分が楽しみたいとか、自分が勝ちたいということよりも、誰かのためにということを動機にする傾向が強い。献身的であり、集団優先的でもある。チーム競技で良い結果が出るときはだいたいこの傾向が強く出る。一体感や絆と表現することもある。

一方で集団情緒的であるということは、慮りすぎて、自分が出せなかったり、傷つきやすかったりするということにもつながる。一体感を出す局面でこういう性質はプラスに働くが、悪く出るのは意思決定の局面だ。データの正しさよりも、人の心情を察した（とくに年配や功労者）意思決定を行う傾向にある。この傾向が強く出過ぎると情緒が論理を上回ってしまい、先に決定ありきで、後付けて戦略が描かれるために、最初から負け戦を選んでしまうことすらある。

日本人の最大の弱みは、特徴を短所として捉える傾向が強いところだ。思慮深いとは言わず小心者だと言ったりする。特徴はあくまで特徴でありうまく活かせば長所になりうる。私は日本人の特性が最大に活かされるのは、少人数の集団で、細かい技術や意思疎通を必要とし、競技自体に歴史があり、革新的な技術が生まれにくく、漸進的な改善が効くような場面だと考えている。陸上でいえばリレー競技がこれにあたる。

引退について

選手には必ず引退のときが来る。人生を賭けてきたものが失われるのは辛く寂しい。人生に引退はない、という言い方はできるが、誰しもいつかはトップの世界では戦えなくなる。そのときを受け入れなければならない。

引退を決意するきっかけは人それぞれだ。競技人生そのものよりも、むしろ引退のときに選手の価値観が現れると私は思っている。美しいまま引退したい人も、ボロボロになるまでやりたい人も、次の人生を始めるために引退する人もいる。私の実体験に基づいて、引退前後でどのような心の動きがあるかを書いてみたい。

私が引退を考え始めたのは二八歳のときだ。最初は三〇歳の北京五輪で引退しようと思っていた。北京五輪の前年に大阪で開催された世界陸上と、北京五輪はいずれも予選で敗退した。北京の前にはアキレス腱に三度痛み止めを、左膝に二度痛み止めを打った。間を空けずに打つと腱を弱めるという説明を受けたが、これが最後だと思って打った。私はコーチを自分でやっていたから、こういう無理をすると北京の後はもう厳しいというのは頭ではわかっていた。一方で、競技者である自分はこのまま終わりたくないと強く思っていた。最終的に競技者の自分が勝ち、北京の後も現役を続けることにした。

引退前の四年間は毎日気持ちが揺れ動いた。あるときはもう俺は終わりなんじゃないかと思い、あるときは俺ならまだやれると強気になる。一日の間にこの二つの感情の間を何度も揺れた。最初に出場した二〇〇〇年の五輪からずっと代表に選ばれていたが、初めて外れたのが三三歳のときだった。ショックだった。この頃ショックに追い打ちをかけたのは一台目のハードルまでのタイムに狂いが生じたことだ。五秒七だと思ったら五秒八だったり、何度走ってもこのぐらいだと思ったタイムと〇・一秒ずれるようになった。私は世界に出ていくために、とにかく一台目までだけでもいいから世界一になるということを目標に、スタートを磨いてきた。それが自分の武器だったし自信もあった。だからスタートが通用しなくなったなら、何を頼りにしていいかわからなくなった。もしかするとこのときすでに心が折れていたのかもしれない。

一度でもスポットライトを浴びたことがある人間は、自分が中心ではなくなったことに敏感に気付く。まずグラウンドに行ったときに振り向く人の数が減る。さらに道を歩いていても気付く人の数が減る。私は長い競技人生で世間の評価など気にしないと達観していたつもりだったが、その状況に想像以上に心が揺らいだ。自分に価値がなくなっていると感じ、競技以外でなんとか存在感を示そうとしたが、本心はとても虚しかった。少しずつ競技人生が終わりが近づいているのを察するようになっていった。

三四歳の日本選手権の予選。一台目のハードルで転倒し、二五年の競技人生はあっけなく終わった。正直なところ気がすんだと思った。しばらく前から薄々気付いていたことが、その日のレースでああやっぱりもうだめだったんだ、とはっきりしたからだ。それだけのことを四年かけて確かめなければならないほど、私の人生は陸上しかなかったのだろう。

引退して最初にやったのは陸上競技関連のものをすべて処分することだった。私は未練がましいので一気に方向転換しないとずるずるいくと思ったので、使えるものはお世話になった人たちに送って後は全部捨てた。一日でユニフォームも、ランニングシューズも、競技に関するものは家から何もなくなった。

引退した後、何をやっても心が躍らない選手が多くいるだろう。私もそうだった。どこかにあのときと同じ気持ちになれる対象があるのではないかと探していたが、そんなものはなかった。スポーツは身体活動を伴い、一瞬に感情が凝縮され、社会から大きな注目を浴びる。普通の人生では一度も味わわないような瞬間の感情を人生の前半に一気に味わう。プロであれば大きな賞金もついてくる。あんなに一瞬にすべてが凝縮された世界はスポーツ以外にほぼない。スポーツと比べればほとんどの世界は緩慢だ。勝敗は曖昧で、感情は揺れ動かない。まずこの現実をしっかりと直視しなくてはいけない。

引退後の人生で重要なことは、新しいアイデンティティを見つけることだ。スポーツ以外で自分を表現する手段を持たなければならない。競技者は自分のアイデンティティをスポーツに一点投下している。だから、これがなくなった途端の喪失感が耐えがたいほど大きい。自分という存在が社会からなくなってしまったように感じるのだ。代わりになるようなものがすぐに見つかるわけではないから、時間をかけて探していくことになる。

新しいアイデンティティを見つける際に邪魔になるのがプライドだ。トップアスリートはプライドが肥大化している。この肥大化した自己評価をどう現実に合わせるかが重要だ。選手は昔話をする人たちと必ず会う。「あのときはすごかったですね」という話から、「昔はすごかったのに（いまはこんなになって）」という話まで、評価はさまざまだ。そのたびに現在から過去に引き戻される。競技者の人生は、自分が思っている以上に社会に共有されているので、生きていくためにはこれにも慣れる必要がある。

トップアスリートの多くは、昔の自分に見合う扱いをされるべきだと思っているし、また、自分がやることは常に他の人より優れていなければならないと思っている。この競技時代の癖が社会と軋轢を生む。だからといって社会との接触を避ければ新しいアイデンティティは見つからない。選手はいまこの瞬間の等身大の自分をよく見つめそれに合わせなければならない。

わかりやすくいえば、足が速いからといって他のことも同じようにそつなくできるわけではないのだ。むしろ、競技に集中していたから劣っている部分もあると考えた方がいい。競技時代のように基本から積み上げていって差を埋めればいいだけなのだが、選手は現役時代の期待値に合わせようといきなり高いレベルで仕事をしようとする。そして敗北感を抱いて社会から孤立する。

私の場合は運が良く、友人に誘われて会社を手伝うようになり、またメディアでの仕事もいくつかあった。さらに家族もいてそちらのコミュニティにも入っていたので、少なくとも孤独感はなかった。ただ、それとアイデンティティとはまた別の話で、生きている感触があるかと言われるとあまりなかった。何しろ毎日体が痛くも苦しくもないし、全力を出さなくてもいいし、何も目指さなくていいわけだから。

しばらく悩んだが、あるときからアイデンティティとは自分の能力の発揮ではなく、何かの役割を果たしているという感覚からくるものだと気が付いた。その役割が唯一無二であるほどアイデンティティは強くなる。誰かに貢献することで新しいアイデンティティが得られる、と気付いて、自分に向いていたベクトルを社会に向け始めた。競技者は自分を中心に置いてどう戦い生き残るかの世界で生きているけれど、社会はむしろ協調でできている。自分を使って社会に貢献することで居場所ができる。この転換は私にとって大きかった

私の引退はスムーズに行った方だと思う。それでも五年ほどは不安定だった。これから引退する選手には、引退間際ですぐに答えを求めようとせず、じっくりと競技人生とは何だったのかを振り返ってほしい。最初に思ったこととは違うものが浮かび上がることもあるだろう。恐れずその都度舵を切り直してほしい。競技人生に縛られて生きるには引退後の人生はあまりにも長く、そして世界は想像以上に広い。いつか競技人生で得た体験といまの人生がつながるときが来る。あのような激しい瞬間の喜びはないかもしれないが、社会の中に自分の役割を見出すことで、新しいアイデンティティを見出すことがきっとできるだろう。

アスリートの特性（陸上競技）

引退した後、多くの選手は競技以外の世界で生きていかなければならない。競技人生からの降り方とは特殊な競技時代の環境から新しい社会の環境に自分を合わせ直すということだ。この一般社会と、競技者を取り巻く環境の特殊性に気付かなければ、前の世界の考えを実社会に持ち込んでしまい、引退後の人生がうまくいかなくなる。

以下に競技者がもつ特性をまとめてみた。種目、ポジションでもかなりやることは違う。大きく分けてスポーツはチームと個人、対戦か一人か、意思決定の範囲はどの程度かの違いがある。これらはとくに個人競技に表れやすい特性ともいえる。

・勝負にこだわる
・正しさにこだわる
・仲間を重視する

勝負にこだわる

アスリートは勝負にこだわる。スポーツはゼロサムゲームで、あちらが勝てばこちらが負けるという構図になっている。スポーツにおいての勝敗は残酷すぎるほど人生を分けるので、どうしてもアスリートは勝ち負けにこだわる。また、競技中は苦しいことが多く、重圧も強いために、精神的に追い込まれやすい。そのような環境において、何か一つの信念を持ち、それを貫くことは有利に働くので、結果として競技者のこだわりは強くなりやすい。もともとそうでなかった人でも、いかにして勝つかを常に考えている、こうだと決めたことや信じたことを譲らないという性質になりやすい。

一方で、社会の勝敗はそれほど明確ではない。そもそも誰がライバルかは時代によって変わる。ビジネスの世界では、こちらでは手を組みながらあちらでは戦うということも起きる。そもそもゲームの根本のルールも時代によって変わる。業界内の戦いをしていると思っていたら、産業ごとひっくり返るようなことが起こりうる。一人でできることは限られているので、他者と協力する必要があり、目的のためにはときに妥協も必要だ。戦いのようでいて、戦いではない部分が大いにある。

そのような環境下において、アスリートの強いこだわりは軋轢を生みやすい。理想にこだわり過ぎて妥協しないので周囲の人間が嫌がる。負けてはならないと思い過ぎているのでものごとの一つひとつが試合のようになってしまう。高みを目指し過ぎる意識が強すぎてムキになることも多い。現役時代は「負けられない」と思うことが勝利につながるが、社会においては「負けられない」と思い過ぎると周囲とうまくやっていけず、結果を出せないことがある。

正しさにこだわる

スポーツは数十年変わらないルールで運用されている。陸上競技であれば選考がはっきりしていて、勝利の基準が明確で、あとは頑張るだけという状況に置かれている。そうなるとどこで戦うか、どうやって戦うかよりも、どのくらい努力するかが重要視されやすい。またスポーツはその過程で教育と強く結びついているので、暗黙のルールも重視するように教育されている。公平にかつ、倫理的に正しい行動をとるように習慣づけられている。

実際の社会はスポーツと比べてあまりに多様過ぎて、何が勝利なのかわからず、ルールが頻繁に変わる。一一人のチームに対し三人で戦わなければならないような局面もある。さらにルールや正しい振る舞いも業界ごとの商習慣や文化ごとに違い、暗黙のルールが適応される範囲は意外と限られる。

人工的につくられたあまりに公平な環境に適応した競技者は、この不条理、不公平が当たり前の世界において、つまづくことがある。世間ではよくあることに一つひとつ、ずるいという感覚や、明確ではないとう違和感で立ち止まってしまう。何が本当に正しいことなのかを考えすぎるのも陸上選手の癖だろう。公平ではなく、持っているものがそれぞれ違うからこそ、ポジショニングや戦略が重要になるが、公平性を重んじる性質は、戦い方もワンパターン（正々堂々）になりやすい。また良いものは必ず通用するはずだという職人的感覚からマーケティング的な思考を嫌がる性質もある。そういうことも影響してか、陸上競技者は先生になることが多い。

仲間を重視する

スポーツでは仲間意識が強化されやすい。また、競技者は多くの時間を自分の競技のコミュニティで過ごすことが多くなり、結果として、競技者の人間関係は偏りやすい。さらにスポーツの世界は指導者も固定され、選手の新規参入も少ないために、流動性が低く、顔見知りのいつものメンバーだけで社会が構成されている。

競技者の集団は身内を優遇し、外部に対して閉鎖的になる性質があるが、それはこのような環境に適応した結果だと思われる。これがプラスに働けばお互いを助け合う文化になるが、悪く出るとムラ文化をつくる。ムラの世界は人間が流れないので、お互いの関係性だけに注目するようになりやすい。何が正しいかよりも、あの人はどう思うかで判断する。ムラの中で長期間過ごしていると、同じ価値観を持ったメンバーが集まっているので、社会と価値観が著しくずれていくことが起きる。またそれに気付けるような外部との接触もなくなる。結果としてムラ自体が社会と隔絶されていき、さらに人の流動性が低くなり、余計にムラ化が加速する。

選手が引退して最初に苦しむのがこのムラの外の世知辛さと、それまでいた世界と社会の間にあるズレだ。苦しくなるとつい競技者は元いたスポーツコミュニティに帰りたくなる。仲間もいるし、自分の立場もあるから落ち着くのはわかる。スポーツの世界で生涯やっていきたいのであればそれもいいと思う。だが、もしスポーツ以外の世界でやっていきたいのなら、このズレには耐えなければならない。

自分を知り、環境を知り、しっかりと適応すればアスリートの能力は社会で発揮されると思う。ただ社会とスポーツの違いは思っているより大きいので、その適応期間を耐えられるかどうかが、引退後の人生には大きく影響する。大丈夫、三年経てばだいたい誰でも慣れるはずだ。

人脈について

アスリートのセカンドキャリアを見ていると、うまくいかない選手には明らかに知り合いの偏りがあり、ほとんどが競技関係者で構成されている。知っている人の多様さが競技者の引退後の人生の可能性を決める。一方で、誰とでも知り合いになればいいというわけではない。アスリートが触れている世界は一般社会とは違うことも多く、何も考えずにいると反社会勢力とつながってしまう恐れもある。アスリートは純粋で社会に無知なことが多いから、どのあたりが常識のラインかを知らないことが多い。

結論から言うと、競技以外の信用できる大人の知り合いを一人はつくることだ。これに尽きる。そして何でもこの人に相談するといい。この人にいろいろなことを相談するので、間違った人を選んだ場合大変なことになる。だから、様子を見ながら周囲の声を聞きながらゆっくりと決める。理想は二人以上だが、一人でもかまわない。

何でも正直に打ち明けると、こんなこともわからないのかと呆れられたり、すでにやってしまっている馬鹿げたことを知られて見放されたりしないかと不安になるかもしれないが、勇気を持ってしゃべった方がいい。隠せていると思っているのは自分だけで、相手にはお見通しだ。また、隠していいことはあまりない。相談を繰り返すと、前後の文脈を相手がわかってくれてアドバイスも正確になる。

間違えてはならないのは、心地良いことを言う人が信頼できる人とは限らないということだ。言いづらいことを正面から言ってくれるかどうかは一つの基準になる。言いづらいことを相手に伝えてその人が得することはとくにないが、それにもかかわらず伝えてくれる人は信用できる。言いづらいことを伝える際に、「友達が言っていた」とか「みんなが言っていた」というのではなく、「自分はこう思う」と言う人は誠実な人が多い。

それを前提としたうえで、私の経験からくる人付き合いについての注意点をいくつか書いてみる。

大人になると楽しいことが多い。学生時代には知らなかったような楽しいことがたくさんあって驚く。夜の会食の場で広がる人脈も少なくない。けれども、それと同じ時間に本を読むことも可能だし、資格の勉強をすることも可能だ。だから、自分の人生の中で何にどの程度時間を割くかをある程度決めておいた方がいい。まったく外に出歩かなかった人のキャリアも大変だが、しょっちゅう出歩いていた人のキャリアもまた大変になる。蓄積された知識がないからだ。

もう一つ重要なのは、お願いの作法だ。アスリートはどうしても相手にお願いすることも多いし、またされることも多い。面白いもので、お願いされてそれに応えることで信用は構築できるし、お願いして助けてもらうことで相手との関係が深まることもある。おそらく誰かの役に立つことは人に喜びと勇気をもたらすからだろう。もちろん筋がいいお願いでなければならないが、全部自分でやろうとせずうまく人に頼れるといい。自分の人生というプロジェクトに他者をうまく巻き込むことをイメージするといいと思う。信用できる相手に相談やお願いを繰り返すうちに強いパイプができていく。私はこれが下手で、すべて自分でやろうとしたために、ずいぶん回り道もした。

スポーツ選手はタニマチ的な存在や、スポンサーと無縁ではいられない。有名な選手を連れていることを他人に見せたい人もいるので、そういう人がスポンサーについた場合、一定の付き合いは避けられない。行きつけの飲み屋など、普段の仲間がいる場所が多いだろう。何かをしなければならないわけでもないが、ただうなずきながらしばらくはいることになる。これはこれでどう振る舞うかの勉強になるが、あまり生産的なことではないから、ほどほどにするのがいいだろう。

忘れてはいけないのは、相手から時間をもらうことのコストの高さだ。これをしっかり意識している（かといって過剰に遠慮する必要もないが）人と、そうではない人は相手の印象に大きな違いが出る。相手の時間をとることに抵抗がない人は、相手が動くコストを安く見積もっていて、想像力がなく仕事ができないという印象を与えるし、実際に仕事ができない。時間をもらうということは常に相手が何かを負担していることだというのを意識しておいた方がいい。

人付き合いは相手がくれるものよりも多くのものを相手に提供することで活性化する。もちろんそんな余裕などまったくない場合もあるだろう。それでも自分に何ができるだろうかと想像するだけでずいぶん人脈は変わってくる。いまや誰を知っているかということに、あまり大きな意味はない。つながろうと思えばＳＮＳなどを通じて誰とでも簡単につながることができる。大事なのはいざというときに付き合ってくれるたった一人の人と損得を超えた信頼関係を築けるかどうかだ。キャリアに関しても、一人信頼できるメンターがいれば自ずと道は拓ける。

ブランディングについて

ある年齢以上で、社会でそれなりの評価を得た人にとって、自己ブランディングは重要な要素だと思う。アスリートであれば、企業に所属できるかどうか、スポンサーが決まるかどうか、また引退後の人生にも影響してくる。私が競技をしていた時代は二〇〇〇年から二〇一二年なので、個人の発信が容易になったいまとはずいぶん違うと思うけれども、それを踏まえたうえで自分なりにやってみて、勘違いしていたことと、そこから学んだことを書いてみたい。

結果が出ても有名になれない

結果が出ればそれなりに有名になると思っていたが、実際のところ、想像していたほどではなかった。そもそも結果に対しての捉え方が選手と世間では違う。引退して実感したのは、世間はメダルの色の違いをあまり気にしていないし、もっといえば記録にも、それから競技の難易度についてもこだわっていない。わかりやすい話をすれば、競技力とは関係のない容姿でも人気は変わる。つまり、アスリートの世界で「すごい」と言われる人と、世間でもてはやされる人は同じではない。

競技の世界で難しいことを成し遂げて価値がある選手、世間から見て人気がある選手は往々にして重ならない。ブランディングについて考える前に、まず自分は何が一番ほしいのかを決めておくことが大事だと思う。ともかく競技者の世界ですごい記録を残したいのか、世間的に人気者になりたいのかは、自分の中で整理して優先順位をつけておいた方がいい（第2章でより詳しく説明する）。

ブランドとは知名度のことではない

私はかつて、とにかく有名になればブランド力が高まっていくと思っていた。しかし、ブランド力＝知名度ではない。知名度は露出機会に影響されていて、試合数が多く露出機会が多いサッカー選手や野球選手は陸上選手よりも有名になる。羨ましいなあ、といつも思っていたが、ある人の一言で変わった。引退間際の時期にとある研究者の人と話す機会があり、「あなたは言葉と内省能力がすごい」と褒められたのだ。私はこの研究者の方を尊敬していたので、陸上に没頭した結果として内省能力が高まり、そのことを評価されたことがうれしかった。たくさんの人に名前を知られるのと、ある特定の人から共感されることは違うことなのだ。

そのときブランドとは知名度ではなく、個々人の記憶にどの程度深く根ざしているかなのだと気が付いた。誰かから評価されることは、別の誰かからの評価を下げることにもなる。つまりブランディングを考えるときに、「どう思われたいのか」ではなく、「誰にどう思われたいのか」を先に設定しないと、目指す方向に進めないということだ。

アスリートの実績は残るが、人気はいずれなくなる

アスリートの実績は残るが、人気はいつかなくなる。それも選手が思っているよりも早いペースで。私は引退間際にアメリカに住んでいて、だいたい三カ月に一回日本に戻っていたが、あっという間にテレビに出ている人が入れ替わっていることに衝撃を受けた。もちろん、スポーツの場合は芸能人と違ってテレビに出ていなくても、選手としての実績は揺るぎない。しかし、本人に対する評価は引退して徐々に変わっていく。選手時代はパフォーマンスは試合ですればいいし露出機会もあるからイメージだけでも人気が保てる。ところが引退してからは常にニュースを発信していくか、競技以外の何かで実績を出さなければならない。引退して何かをしたいと思っているアスリートは、急に自分の人気が落ちていくことをそれなりに理解しておいた方がいい。もちろんそれでも見てくれている人は

いて、そういう人たちの記憶に残り続けることはできる。その数は引退前に想像していたよりもずっと少ないかもしれないが。

ブランドを維持することは、構築することと同じくらい難しい。ある程度ブランドができあがると、それを守るために新しいことを始めにくくなるからだ。新しいことは失敗する可能性が高く、ブランドが傷つくおそれがある。ところが何か新しい挑戦をしなければ人は成長しない。ここにジレンマがある。一度確立してしまったブランドをどう壊しながら挑戦していくかはとても大事だ。私は長期的に見れば、ブランドを傷つけまいと守りに徹するよりも、一時的にブランドが傷ついてもかまわないという覚悟で攻めた方が、結局はブランドを守り切ることになると考えている。

「かっこわるい」が「かっこいい」に変わることがある

昔、アエラの表紙を撮ってもらったことがあった。真顔のクールな写真を撮られることを期待してめかし込んで現場に到着したら、カメラマンさんが最初の挨拶の表情を見て、「いいからそのまま笑って」と促された。何枚か撮るのかと思ったら、結局その笑顔の写真が使われた。正直に言えば、私はその写真が好きではなかった。笑って八重歯も出ているし笑い皺も出ているし、他のアスリートみたいに真顔で陰影のあるかっこいい写真になんでしてくれなかったのかと思った。引退して八年経ったいま写真を見返してみると、畳屋である祖父祖母の屈託ない笑顔に似ていて、そういうのを瞬間に見抜かれたのだろうと思った。いまは自分自身がその頃の写真を見て青臭さも含めていい写真だなあと思うようにもなっている。あの頃かっこわるいと思っていたことが人生で経験を経ることで、かっこよく見えてくることがある。そして、後からかっこよく見えるものは、だいたい自分を曝け出しているものだ。だから、背伸びをして何かを演じるよりも、早めに正体を晒しておいた方がいい。

自分からは逃れられない

私なりにブランディングを整理すると、「替えがきかない何かになる」ということだと思う。替えがきかない何かになるためには、演じたり計画したりしていては無理で、結局目の前のことを追求していくしかない。なぜなら替えがきかないということは唯一無二ということであり、そんなものは後からなろうとしても土台無理で、唯一の方法は自分を追求することだ。結果として、自分のバックグラウンドや本来の性質から逃げられない。

私は本来内向的な人間で、大人数がいるテレビではうまく話せなかった。しかも考えていることが少し変わっているのか、しゃべるとおかしな空気をつくってしまう。日本でのメディアでうまくやれなかったことを見て諦めて、それで三年ぐらいアメリカにいて戻ってきたときにもういいやと思ってまったく空気を読まずに発言したら、それが受けた。自分をこう見せようとしていたことをギブアップすることで、自分というブランドが少し転がり始めた。いま考えれば、ブランド構築に一番抵抗していたのはこう見せたいと思ってそこにしがみついていた自分だったと思う。

プロが見ればもっと深いブランディングの世界があるのかもしれないが、私には全部諦めてそのままの自分でいく、という方法がよかったようだ。ある意味でブランディングをしないというブランディングでもあり、これを私は「傷だらけのブランディング」と呼んでいる。

PART

Ⅱ

「わたし」の心をつくるもの

短所について

上達をしていくプロセスでは、問題となる部分を見つけて改善するので、短所は目につきやすい。一方で「短所」と「特徴」の違いはわかりにくい。二〇〇メートル競争、四〇〇メートル競走・リレーで、オリンピックで四個、世界陸上で八個のメダルを獲得したアメリカの陸上選手マイケル・ジョンソンは、独特の立ち上がったようなフォームで知られるが、それを欠点として指摘したコーチも、特徴としてそのままにしたコーチもいたそうだ。成功した後であれば特徴に過ぎない（もしくは強み）とわかるが、成功する前には特徴が短所に見えていたかもしれない。

短所は絶対的なものではなく、環境によって決まる。体が大きいことは戦いにおいては有利かもしれないが、食料が少ない環境では無駄なカロリーを必要とするので生存に不利になる。裏を返せば、環境を変えれば短所は長所化する可能性がある。たとえば、私の足は地面に接地している時間が長くピッチが出にくかった。それは足の回転の速さがある程度必要とされる一〇〇メートル競走には不利だったが、四〇〇メートルハードルのような大きめのストライドで歩幅をコントロールする競技では有利に働いた。身長が高いのはバスケットでは有利だが、体操では不利になる。視野が狭くなり集中する傾向にある選手は、チームではスタンドプレーになるが、個人競技では勝負強さとなる。

ある特徴を短所と認めた場合、それは改善可能なものか、改善不可能なものかを分けて考える必要がある。背の高さ、骨格や身体の形状、根本的な性格などは変えられないので、それが短所ではない種目や、短所ではなくなるように戦い方を考える。背が低いバスケット選手と、背が高い選手では戦い方が違う。一方で走り高跳びのようにある程度身長がなければ、上位に食い込むのは厳しい競技では、高い目標を目指すなら競技自体を変更するべきだろう。体格に比べて性格はまだ改善の余地があると思えるかもしれないが、案外と変えづらい。

私は子供の頃から顎を上げて走る癖があり、これさえ直せばもっと上に行けるはずだと思って、直したことがある、ところが顎が上がらなくなるとなぜか特徴であったゆったりとした大きなバネのある走りができなくなった。自分なりに分析し、顎を上げることで腰が前方でロックされ、それによって腸腰筋にストレッチがかかって、足を前方に運べていたのではと仮説を立てた。それから顎が上がることを気にせず走るようにしたら昔の走りに戻った。このように短所が長所を支えていることもある。短所も全体の一部であり、短所を直せば必ず全体のバランスにも影響が出る。

短所は時代の流行り廃りとも関係している。その時代の頂点にいる人間の動きはお手本とみなされやすく、その選手と自分のタイプが違えば、その違いが自分の短所として認識されてしまう。だが、実際にはそれはただの違いであることがほとんどだ。トップに行く選手は自分の短所を克服するのではなく、特徴を最大限に活かすことによってパフォーマンスを出している。カール・ルイスが世界最速だった時代には足を高く上げる動きが奨励されていて、足を低い位置ですり足のように走る動きは矯正されることが多かった。伊東浩司選手、末續慎吾選手が出てきて、足を上げずに走る選手が日本の頂点に立つと、足を上げ過ぎないようにという指導が出てきた。

とはいえスポーツごとに押さえておかないといけない基本的な動きというものもある。これを邪魔するような癖は直しておかなければならない。

では、改善すべきものとそうではないものはどう見分ければいいのか。自分よりレベルが上の選手を見て、その選手たちにはまったく見られない癖であれば改善すべきである可能性が高い（あくまで可能性が高いというだけで、そうでないこともある。マイケル・ジョンソン選手が出てくる前は世界の上位に似たような走りをする選手はいなかった）。反対に、似たような癖を持った選手がいるのであれば、ただの個人差である可能性が高い。
発展している競技であれば教科書があるので、そこに書いてあるうちの三分の二程度はそのとおりにやってみた方がいいだろう。ただ、日本は型を重んじ過ぎるあまり、さほど影響のない癖も改善し個性をなくしてしまう傾向にあるので、細部は意識しなくていいと思う。大雑把に言えば、胴体と胴体から二〇センチメートル程度の距離（上腕の真ん中、大腿の真ん中ぐらい）までは改善した方がいい。一方で腕や足などの末端は違いがあってもただの癖なのでほっておいてかまわないと思う。とくに競技開始後間もない頃は派手に動く手足の動きに目をとられがちだが、そこは中心から生まれた動きの結果に過ぎないので、気をとられてはならない。

短所は癖付けによって直すしかない。なるべく因数分解し、問題となる部分だけを抜き出し、コツコツ良い動きを繰り返す。私は走るときに少し前方に着地して引っ掻く癖があったが、真下に着く動きを体得するために、横向きに片足だけ階段に乗せて自分を上下させる練習を繰り返した。家に戻ってからテレビを見ながら一、二時間やったり、車のアクセルを踏むときも階段を上がるときも真下をずっとイメージしたりしていた。昔は駅でゴルフのスイングを練習しているおじさんがいたが、あんな感じだ。

一方で、局所的に動きが改善されても、全体で統合されなければ意味がないので、癖を直す練習をした後は必ず実際の競技中の動きを行っていた。局所的に改善した結果全体としてはバランスが悪くなるということが往々にしてある。いじってはなじませ、いじってはなじませることを繰り返すことが重要だ。このとき注意しなくてはならないのは、ずっと癖を直すための練習をしていると、丁寧にやろうとする癖がついて、我を忘れたような思いきった力が出せなくなることがある。欠点の克服は大事だが、細部にこだわり過ぎてはならない。スポーツは最終的には出力が大きい人間が圧倒的に有利だから、思い切ってのびのび動くことを損ねてはならない。週に一回はまったく動きを意識せず思い切って力を出す練習をやっておいた方がいいだろう。

最後にメンタルの弱さを短所として捉えている人も多いが、ものの見方はある程度変えられても、自分の性格を矯正するのは難しい。心そのものに手をつっこむと迷路にはまる。むしろそのままの性格の自分でも力を出せるようなものごとの捉え方を身につけた方がいい。たとえば私は、強い集中力があったが、ムラがあって毎回いい結果を出すことが難しくしようとしたこともあったがうまくいかず、あまり受け入れたくはなとして自分を認識し、好不調のゆらぎを受け入れて、勝負所だけは一発狙うように考え直した。

ここに書いたのはあくまでも陸上競技における短所についてだが、たとえば格闘技のような相手が必ず自分の弱いところを狙ってくるような競技では、考え方やアプローチが違ってくるだろう。防御の一環として短所は必ず改善しなければならないのかもしれない。

いずれにしても勝負にかかわる短所の改善は不可欠だが、そのために自分らしさを失ってはならない。変わらない自分でいても有利になるような戦略や戦場を選ぶことが重要だ。

It is not the strongest of the species that survives, nor the most intelligent, but the one most responsive to change

最も強いものが生き残るのでもなく、最も賢いものが生き残るわけでもない
最も変化に適応したものが生き残る

レオン・C・メギンソン／経済学者（一九二一〜二〇一〇）

考え始めの谷について

選手が自分の技術について意識をし始めた結果、スランプにはまることがある。私はこれを「考え始めの谷」と呼んでいる。

人間は生まれたばかりのときは、外界と自らの身体の区別がついていない。生後数カ月の赤ちゃんが自分の目の前で手を動かして不思議そうに遊んでいるのは、動かそうと思って動いている自分の手と、動かそうと思っても動いていない目の前の天井との違いを見定めているのだそうだ。このようにして自分が意図し、それに反応して動くものが自分の身体であり自分の範囲だというのを理解していく。外界からのフィードバックによって自我というものが徐々に形成されていくのだ。

小学生の低学年（六～八歳あたり）より下の子供たちは、「空き缶を潰すように走ってみて」と伝えると理解するが、「足を高く上げて地面を踏みつけて走って」と言うとたいてい困惑する。これはおそらく意識を外（＝外界）に向けることには慣れていても、内（＝身体）

に向けて身体を制御することに慣れていないからだ。これが小学生高学年にもなると「足を高く上げて」と言えばそれなりに理解ができるようになる。このあたりで身体に意識を向けて制御できるようになるのだろうと思う。

人間を含む動物は、基本的に外からやってくる危険から身を守り、外にある生存のために必要なカロリーを確保するために進化している。したがって、外部の何かに身体を合わせているときは動きがシンプルに連動して力が出る。目標物を目指して歩いたり走ったりするのは自然にできるが、卒業式でみんなに見られながら歩くと、どう歩いていいかわからず混乱する。

無意識の行為を意識的に行うことは難しい。アスリートは幼少期から、基本的に外で起きているできごとに自分を合わせるモデルで育っていく。来たボールを打つ、目の前のボールを蹴る、ハードルの上に向けて飛ぶ。外部に身体を合わせていくことでスポーツが展開される。

しかしながら、これだけでは納得できないフェーズがやってくる。そもそもスポーツの動きは自然な動きからかなり離れている。たとえばボールを足でドリブルするとか、道具を使って美しさを競うとか、空中で何回転もするといった動きは人間しか行わないし、そういう競技をやらない人間にも無縁のものである。生活で行う自然な動きから離れていればいるほど、技術が勝敗を分け、身体への意識を配れるかどうかで熟達の加減が決まる。

技術を向上させるために、アスリートは自分の意識を外部から自分の身体に向ける。バットを正確に振るために、脇を締めることに意識を置く。ハードルをうまく飛ぶために腰の位置を意識する。技能上達のために考えないでやっていたことを多少なりとも意識しながら行う。そのプロセスに深く入ると、考え始めの谷にはまることがある。

私も谷にはまった。きっかけは自分の走りを当時のトップスプリンターに近づけようとしたことだった。着地を考え、捻りを考え、股関節を考えた。そうして一、二年考え続けた結果、その人に動きは似てきたが、力がまったく出せなくなった。これはいけないと元に戻ろうとしたのだが、その頃にはそもそも自分がどうやって走っていたのかがわからなくなっていた。昔のように考えないで対象(ハードル)に夢中になって走るということができない。ずっと自分の身体のどこかに意識が置かれていて、意識しないということができなくなっていた。

そこからどうやって抜けたかも覚えていないぐらいだが、試行錯誤を重ねてなんとか抜け出した。以下、そのときにやってみたことを、書いてみる。

シンプルに考える

意識をし始めると、とにかく細かいことを気にし過ぎてしまう。私は足の裏をフラットに着くべきか、前足部で着くべきかなどを気にし過ぎてこじらせた。改めて考えると、力のほとんどは身体の中心でつくられていて、そんな細かい末端のことはほとんど影響していない。どんな競技の真髄も考え抜けば小学生でも理解できるほどシンプルだ。その真ん中から目をそらさないことが大事だ。細部を追究し過ぎてはいけない。

理論を完全にインストールする

私は、自分がスランプになったときに高野進さんのところに行って、走りを一から教わった。考え始めてわけがわからなくなっているのは型がないからだ。型をつくるためには、誰かの型に全部染まりきった方がいい。大事なのは素直に聞くこと、これに尽きる。それなりの年齢だとプライドもあり自分の理屈もあるが、そんなものは全部捨てて一定期間ひたすらに言われたとおりにやってみる。一番良くないのは中途半端にわかったふりをしてつまみ食いをすることだ。そうするとちぐはぐでばらばらな動きができあがる。自分らしくやりたいなら、染まった後でオリジナルをつくればいい。また、いろいろなところにアドバイスを求めないことだ。このタイミングでは断片的な一級アドバイスより、一貫性のあるアドバイスの方が価値がある。

適当にやる

考え始めの谷で深刻になる人間は、そもそも真面目で何かに集中しやすく、そのぶん視野が狭い場合が多い。考え続けるからはまり続ける。結果として問題が深刻化する。考え始めの谷は、真面目に積み重ねることで抜けられるものではなく、ある日一夜にして抜けられるようなものだ。私はいくら考えても走りが元に戻らないから、ちょっと夢中になってみようと思い、自分の腕に鈴をつけてその音だけに集中して走った。これがきっかけでだいぶ改善した。諦めるわけではないけれども、考えることを一旦やめていままでと全然違うことをやるような適当さが大事だ。そういう意味では定期的に頭を真っ白にして競技をすることも大切で、考えることと考えないで夢中にやることを自在にコントロールできるようになれば、考え始めの谷から脱しやすい。

選手が自分の頭で考えるようになることは素晴らしいと言われがちだが、私はどちらにもメリットがあるのではないかと考えている。ずっと目の前のボールだけを追いかけてトップに行く選手もいるし、その方が身体の連動がうまくいく場合もある。ただ、一度でも考え始めてしまうと、もう考えなくなるのは難しく、そうなるとうまくいかない期間が数年に及ぶかもしれないが考え抜くしかない。

考えないで競技をやることのメリットもわかったうえで、それでも私は考え始めることを進める。理由は二つある。一つは考え抜いた先には自分の型ができあがり、自由になれるからだ。そうなると新しいことを試すのが怖くなくなる。どこからきたかがはっきりしていればどこに帰ればいいかもわかるので、より勇気を持って遠くまで行けるようになる。型がない間は、何かがずれてうまくいかなくなるのが怖いのでむしろ細部に固執する。中心がはっきりしているほど中心以外はどうとでもできるようになる。

もう一つは、考え抜くことで言語化できるようになることだ。言語化できるようになれば、より多くの人の技能向上に貢献できる。選手がコーチになった場合、自分の動きで相手に伝達できるのはせいぜい引退後一〇年程度で、その後は身体が衰えるので言語で伝えるしかない。しかし、考えたことがない選手は、自分の身体を外部から見渡したことがない選手なので、指導も自分の感覚で表現しがちになる。具体的には「パッと離す」とか「グッと乗り込む」とか「ドーンと落ちる感じで」といった擬音語、擬態語での表現が多くなる。これはこれで必要ではあるが、擬音語や擬態語は自分と感覚が合わない人には伝わりにくく、その場合は構造的に身体を説明し伝える必要が出てくる。「どうするか」だけではなく「なぜそうするのか／そうなるのか」を伝えられないのである。

考え始めに谷はあるが、それを抜けるための試行錯誤の末に手に入るのは「自らの身体で遊ぶ喜び」だ。これは何者にも代え難く、かつ奥が深い。世阿弥は芸事には離見の見が重要だと言った。自在に自らを操るということは、距離が自在にとれるということでもあり、自由になるということでもある。

イメージトレーニング

イメージトレーニングと一言で言うけれども、その世界にはかなり濃淡がある。イメージトレーニングに習熟すると、MRIの中で自分の競技映像を見て、身体は動かさず頭の中だけで動きをイメージしたときでも、脳内で競技中の動きにかかわる領域が活性化する。一方でなんとなく頭の中で思い浮かべているだけのことをイメージトレーニングと呼んでいる人もいる。これらは頭の中で起きていることなのでコーチも評価のしようがない。にもかかわらず、イメージトレーニングの質は競技力向上に大きく影響する。練習量に制限がかかる競技人生の後半にはとくにそうだ。イメージトレーニングが熟達すれば、頭の中で勝つことも、負けることも、スランプに打ち勝つことも、オリンピックに出場することもできるようになる。習熟した人のイメージトレーニングは実際に体験するのと限りなく近くなる。

だからといって自分の体験からあまりに飛躍したものを描くのはやはり難しい。哲学者のトマス・ネーゲルが「コウモリであるとはどのようなことか」という問いを立てた。コウモリは超音波を発しそれを受け取って自らの位置や進む方向を決めている。これは果たして主観的には見えたと感じているのか聞こえたと感じているのか。結局のところ、どのような体験となるのかはコウモリになってみないとわからない。これと同じように、身体においては自らの人生で主観的に得た体験の延長線上にしかイメージトレーニングは存在しない。人生初めての五輪で結果を出せなかった選手は「わけがわからないまま終わった」とコメントすることが少なくない（私もそうだった）。体験していないことはイメージすることすら難しいのだ。そういう意味で、イメージトレーニングは現実から切り離すことはできない。

もちろん、誰でもぼんやりとは自分が五輪に出場した姿をイメージすることくらいはできる。小説も映画も演技も、誰かの体験を頭の中で再構成したものなので、自分の体験でなくてもリアルなイメージはつくれるという指摘もある。ただ、心情はある程度表現できても身体の細部のイメージを浮かべるのは少なくとも似たような体験をしなければ難しい。私は、陸上競技場でトラックを左回りで回っていたので、右足から左足への体重移動は容易にイメージができたが、左から右への移動のイメージが苦手だった。こうした微細な身体感覚と結びついた深いイメージは主観的体験からしか生まれない。

イメージトレーニングは個人でやるだけのものではない。人類がイメージを共有して伸びることもある。たとえば一九六四年の体操を見てみると驚くほど技術がシンプルだ。現在ではとてつもなく複雑な試技を選手が行うようになっているが、誰か一人だけができるようになっているのではなく、多くの人が拮抗して競い合っている。卓越者は誰かが実際に成し遂げたことを目にすると、自分のことのように具体的にイメージすることができ、一部の人は実際に自分の身体で再現することができる。ここ三〇年の日本のサッカーのレベル向上は著しいが、私はテレビでJリーグ、および海外のプレーを見ることができるようになったことが少なからず影響しているように思う。

私のイメージトレーニングは中学生ぐらいから始まった。その当時はイメージトレーニングという言葉すら知らなかったが、練習前に颯爽と走り抜ける自分をイメージしてから走り出すことをなんとなく始めた。また試合前に、試合でどんな感じで走るかをイメージしてから試合に出るようになった。陸上競技はリハーサルの繰り返しで、つまり頭の中で一度行ったことを身体でなぞることが練習になる。そして試技を行った結果、違っていたのか合っていたのかを評価し、違っていたならなぜ違っていたのか、どうすれば合うのかを頭で考え修正する。この繰り返しで選手は強くなるが、一番はじめにこのように動こうというイメージがなければ、評価するべき基準がないようなものだから、試技がうまくいったのかどうかをタイムで測るしかない。しかしながら、タイムは体調や環境に影響されるので高いレベルでの評価基準としては適切ではない。

試合に関するイメージトレーニングは、詳細までイメージをする。これが湧かないときはうまくいかなかった。たとえば、試合当日朝起きて自分はどんな気分で、ベッドから下りて地面に足を着いたときの感触はどうなのか。試合会場に行くバスは何色で、自分がどこに座るのか。グラウンドではどんな動きをしていつコーチに話しかけられるのか。試合に出て、緊張する中どこに家族の顔があるのか。カメラはどこか。コーチはどこか。ライバル選手はどのような表情をしているのか。ゴールして、ガッツポーズをして、そのときに何が見えるのか。インタビュアーの最初の質問は何で、自分はどう答えるのか。そのとき自分の手は握っているのか開いているのか。うれし涙はいつ出て、それを拭うのか拭わないのか。このようなことを細部に至るまでイメージしていた。

試合会場に入る前にだいたいのことはイメージの中で終えておいた。当日初めて出くわす状況がないように、雨が降ったり、晴れたり、さまざまな状況に適応した複数のシナリオを持っていった。最初からうまくできたわけではないが、イメージトレーニングを繰り返すことで徐々にクリアに頭の中で描けるようになった。ここまで細かくイメージできるようになっても、飛躍し過ぎるとうまくいかなかった。自分が精一杯ジャンプして手の届く範囲のイメージしか人はありありとは描けない。遠過ぎるイメージをいくら繰り返してもリアリティがなく、自分の中では潜在的に否定してしまう。そんなはずないだろうと。願望を描くことと起こるべきことをイメージするのは質的に違うことなのだ。

ネガティブなイメージから抜けられない選手は、イメージトレーニングが自分でコントロールできず、しかも過去のよくない体験を頭の中で繰り返してしまっているように思う。頭の中で繰り返せば記憶が強化されて余計に繰り返しやすくなってしまう。前向きな選手は現実を正確に捉えているのではなく、都合よく捉えている。うつ病患者は、健常な人よりも現実を正確に捉えていることを示した研究もある。イメージトレーニングは過去を都合よく編集し、自分にとってありたい未来を描く能力と言い換えることもできる。

具体的なイメージトレーニングのやり方だが、じつは私にもわからない。もしアドバイスをするなら、自らの「情動」をしっかりとイメージにつなげることではないかと思う。私はメダルを取る前にイメージトレーニングでメダルを取って泣いたことが少なくとも十数回はあるが、金メダルを取るイメージトレーニングではどうしても泣けなかった。金メダルを取るシーンは私にとって、音もなく色もついていない映画のようでリアリティがなかった。銅メダルのイメージしか描けないから銅メダルしか取れなかったのか、それとも実際の自分の限界をリアルに反映したものしかイメージできないから銅メダルだったのかはわからない。

一つ言えるのは、情動は記憶を強化してくれるということだ。もう一つ大事なことは、自分の身体を多少動かしながらその状況を表現することは効いた。人間の記憶やイメージは身体がトリガーになって引き出されていることもずいぶんある。だから身体を使ってリードしながらイメージをつくり上げていくわけで、これがルーティーンが有効とされる根拠だと思っている。

私は言語化が得意だと言われることがあるが、それにはこのイメージトレーニングが影響しているように思う。人よりも身体イメージの解像度が高いらしい。私はこの能力は「イメージトレーニング＋実践＋内省」で強化されると思っている。

いま興味を持っているのは、生来の全盲の選手がイメージトレーニングを行うということだ。健常者は視覚優位のイメージから離れられないが、それを超越できるならそのイメージはどんなものなのかを知りたい。

コントロールできないもの

長く競技をやっていれば必ずピンチの瞬間がやってくる。ピンチのときにどう振る舞うかが競技人生の成功に大きく影響する。興味深いのは、ピンチの瞬間にこれまでの競技人生をどう生きてきたかが端的に現れたり、また競技人生での一番の成長が訪れたりすることだ。

私の競技人生で一番ピンチだったのは、二〇〇八年の六月の日本選手権のときだった。この日本選手権で一位か二位になれなければ、五輪は絶望的となる状況だったが、その年のシーズン最初から私は下腿部の肉離れで試合に出られない状態が続いていた。そしてようやく治ってきてなんとか本番に間に合わせようという矢先に、反対側の下腿部を肉離れした。もう試合は一カ月前に迫っていた。陸上競技で一カ月前に練習できないというのはかなり厳しい状況で、私自身も二度目に怪我をした瞬間はもうだめかもしれないと思った。

あのときの感情を羅列してみると以下のようなものだったと思う。最後の五輪だと決めていたのに、どうしてこの瞬間にこんなことが起こるのか。なんで怪我をしたのは自分で、他の人ではないんだ。あれだけ気を付けて繊細にトレーニングを積んできたのに。これで結局本番走れなかったらどうなるんだろう。もしこれで五輪に出られなかったらその後の人生はずっと後悔するんだろうか。応援してくれている人もがっかりするだろう。ライバルたちはいまどうしているのだろう。快調に練習できているんだろうか。できればみんな怪我をしてくれないか。世論に訴えかけて、選考会をずらしてもらうということができたりしないか。またはものすごく低調なレースになってなんとかなるということはないか。もし負けるとしたらみんななんて思うんだろう。自分のメンツが保たれるいい負け方はないか。同情を買うような負け方をすればまだ社会の見方は和らぐのではないか——頭の中でずっとこのような声が聞こえていた。

面白いのは、こういうときでも時折楽観的になることだ。根拠なく、三日間で痛みがなくなるのではないかと考えてハイになったり、車に乗っていてアクセルを踏んでいるときに痛みがなかったので本当は痛くないんじゃないかと思ったり。希望を持つというよりも自分を慰めるように勝手にいろいろなことを思いついては、やっぱり違ったとわかってがっかりするということを繰り返していた。

ちょうど試合の二週間ほど前だったと思う。赤羽のナショナルトレーニングセンターで、一人で坂道走路を歩いて上っては階段で下りてというのを繰り返していたとき、急に鳥の声や、車の音がバーチャルに感じられて、全部自分とは無関係のような気分になった。自分とは関係がないことを勝手に思いついては憂いているのではないか。後から考えればすごく馬鹿らしいことをあれこれ悩んでいるのではないか。そこで何かが吹っ切れたように思う。

実際にいまから自分にできることは何か。陸上競技は準備の競技だ。グラウンドに来て練習し、ご飯を食べてよく寝ること。これ以外にない。だから一生懸命本番に向けて準備をすればいい。実際の試合がどうなるのか。ライバルがどの程度走るのか。また当日痛みがあるかどうか。さらにそれがどのように世の中に受け止められるかは私にはコントロールできない。コントロールできないことを考えてもしょうがないし、そもそも関係がない。関係がないことを考えることは勝負に関しては無駄なことだ。

このような見方の転換が生じ、急に気持ちが晴れた。特段ハイになったわけではないが、目の前のことに没頭できるようになった。やれることを準備して、後は本番を迎えよう。だめだったらまたそこで自分にできることをやるだけだ。結局このときは本番はうまくいって五輪の出場権を獲得した。

私のこの体験はスポーツ心理学ではよく知られていて、「コントロールできないものを意識するのをやめ、コントロールできることに意識を向けよ」という言葉で教わる。元々はギリシャのストア派哲学の考え方だ。コントロールできないものの最たるものは他人と過去であり、コントロールできるものの最たるものは自分といまであると。だが、知識で知っていた言葉と実感とはずいぶん違っていた。

大事な点は、楽観的になろうとすることでも、悲観することでもなく、目の前にある自分にできる課題解決に集中することで、何を無視するかを決めることだ。自分の範囲を超えたものを恨んだり、憂いたりしても改善は見込めない。

もちろんこれはとても抵抗感が強い。なにしろ自分のせいではない理由で自分がピンチに追い込まれることも多々ある。また本質的にはもっと大きなところに問題があることも多い。たとえば指導者や、所属している企業の方針、国際連盟の方針、ドーピングを使用している選手など。それを関係ないと割り切れと言われても、はいそうですか、とはならない。どうしてもその対象の責任だと考えたいし（実際にその場合もある）、恨みたいし、なんなら復讐したい。しかし、それで事態が改善しない場合、すべての努力は無駄になる。

勝利に結びつくのは行動しかなく、どう考えるかよりもどのように行動するかだけが競技者の成功を決めている。競技人生で最も足りないリソースは時間だ。その貴重な時間を考えてもどうしようもないことに費やすことは避けなければならない。最終的に競技人生を良い方向に進めてくれるのは、ひたすらに自分のできることにフォーカスして、それを淡々とやり遂げることだ。他人も過去も未来も何が起きるかわからない。わからないことは起きてから対処すればいい。

コントロールできるものとそうではないものを分けられないとき、人は無力感を抱く。コントロールできないものをなんとかできると信じて行動すると、常に思いどおりにならない。結果、何をやってもだめなんだという敗北者のマインドが植えつけられるようになる。自信がある人間は、いきなりすべてができるようになったのではなく、自分のコントロールできる範囲でやってみて、そして実際に変化が起こるのを見て自分を説得し、また次の課題に挑戦する。この繰り返しで自信を植えつける。

スポーツにおける「やればできる」は正しい。ただし、自分の「やればできる」範囲を明確にわかっている場合に限る。この線引きができない人は、やればできると思って雨をやませようとするが、雨はやまず、それに対して自信を失ったり腹を立てたりするだろう。

この体験は私の競技人生においてとても大きな学びとなった。自分がコントロールできるものとそうではないものの分類ができていないときは何にでも期待し、失望していた。この分類ができれば期待することはなくなり、残るのはひたすらに自分はいまからどうすればいいのかという実践のみになる。

「コントロールできるものとできないものを分ける」という考え方にも弊害はある。「自分一人の力ではどうにもならない」と、社会全体の問題を無視し、自分の問題のことだけを考えることにもつながるからだ。また、他人からは淡白な人間だと思われることもある。実現可能性にこだわり、すべて実践に落とし込もうとするからだ。人はただコミュニケーションをとるだけで癒される。問題を解決しなくても、話せば解決されることもあるし、何もかも実践に結びつける人間は息苦しいこともある。

選手を引退してからは、社会課題にちゃんと興味を持ってコミットし、性急に成果を求めて行動するのではなくゆっくりと人の話を聞くことを意識するようになった。スポーツの世界はゼロサムゲームであまりにも勝ち負けがはっきりし過ぎていて、そこで培われたメンタリティはそのままにしておくと社会で摩擦を起こすことがある。

敗北後の整理について

常に試合で良い結果を出し続けることはできない。うまくいかないときや、負けるときもある。敗北したことそのものよりも、敗北後にどう内省し、整理するかがその後の競技人生を決める。

敗北後の整理は、簡単に言えば以下の三段階にまとめられる。

1　振り返り……事実の把握
2　分析……課題設定
3　対策……具体的な今後の計画

振り返り

大切なことは、敗北して落ち込んでも落ち込み続けないことだ。よく熟達者になれば敗北して落ち込まなくなると思われるが、実際には熟達したアスリートも負ければ落ち込む。ただ、年齢と共に徐々に立ち直りが早くなる。熟達した禅僧と坐禅の初心者では、坐禅の最中に音が鳴った場合同じように脳波に乱れが出るという。ただ、熟達した禅僧の方が乱れた状態から元に戻るのが圧倒的に早いそうだ。そういうものに近いのかもしれない。

落ち込むこと自体は大して問題にならないが、敗北を引きずることで判断に歪みが出たり、トレーニング効果が減少したりするのが問題だ。感情を抑制するほど落ち込む期間は長引くので、私の場合は中途半端に落ち込まず、思いっきり二、三日落ち込んで、忘れるようにしていた。

振り返りは事実の把握が重要だが、人はどうしてもありたい自分や、見せたい自分があるがために歪みが生まれる。周囲に対しては強がってもいいが、自分とコーチに対してだけは曝け出せるようにならないといけない。ここで取り繕えば、分析も、対策もすべて歪んでくる。プライドが高くて自分と向き合えない人は、敗北から学べない。

試合で負けたときは、ネガティブな見方をしがちだが、結果が悪かったからといってこれまでやってきたことが間違っていたとは限らない。競技者にはゆらぎがあり、調子は少なからず上下する。ただ雨が降っただけなのになぜ雨が降ったのかを分析しても無駄だ。

また、新しく何かに取り組めば、なじむまでに一旦競技力が下がることがある。効果が出るまでに時間差があるからだ。そもそもこれだとはっきりわかるような勝因や敗因など実際にはほとんどない。メディアや社会に対しては多少演出してもいいが、それと現実的な取り組みは別だということをしっかり理解しておかなければならない。私も調子が悪いときに、ころころやり方を変えて余計に事態を悪化させたことがある。勇気がいるが、少なくともある一定期間（私の場合は三、四カ月程度だった）は結果を無視してやり通した方がいい。

分析

敗因の分析を始める際、目標と実際との差が大きかった場合、目標が間違えていたのか、実際のレースが良くなかったのかの二つの観点で見るといいだろう。大きく目標に達しないことが連続すれば、そもそも目標が高過ぎるか、または自分自身が心のどこかでその目標を重要だと思っていない可能性がある。いくら素晴らしく高い目標を掲げても、コミットしていない目標は願望に過ぎない。この場合、早めに本当に達成可能な目標に修正をかける。そうでないと目標達成しないことに慣れてしまい、目標を定めること自体に意味を感じなくなってしまう。

敗因分析で大事なのは何度も「なぜそうなのか。それを引き起こしたさらなる原因は何か」を自分に質問し、より根本の課題に迫るようにしたい。私の場合は次のような感じだった。

・試合の敗因　ハードルにぶつけて転倒

分析①　ハードル技術の問題↓具体的には何か

分析②　踏み切る瞬間にハードルと距離が近過ぎた↓なぜそうなったか

分析③　数台前のハードルから歩幅がおかしくなっていた↓なぜこの日だけそうなったか

分析④　風が強く吹いていて、風に煽られて歩幅が狂っていた↓なぜそうなったか

分析⑤　緊張のあまり普段なら認識するはずの風が認識できなかった→本当にそれだけか

分析⑥　海外の選手のペースが日本人とは違い、最後の直線で後ろから足音が聞こえて焦って歩幅が狂った

・分析結果　風が吹いていることが察知できない、海外の選手のペースが違いそれに振り回された→試合経験不足による緊張、また海外選手と走った試合数が少な過ぎる問題か

人によってはもっと違う分析もあるかもしれない。いずれにしても大事なことは、もっと練習を頑張ろうとか、今回は準備不足でした、というようなふわっとした分析で終わらないことだ。ふわっとした分析はふわっとした対策になり、結果として同じ失敗を繰り返す。もちろんスポーツは複雑性が高く、シンプルな問題にたどり着けることはほとんどない。けれども、そうとは言い切れないということを自分に許せば、いつまで経っても合理的に考え仮説を立て仮の答えを出す力がつかないので、強制的にでもこれをやった方がいい。

間違えた課題設定をすれば正しく考えても、悪い対策にしかならない。最初の課題設定

が間違ったまま一生懸命練習している選手は意外と多い。とくに真面目な選手に多いのが目の前で起きているできごとから対処療法的に課題設定を繰り返すという間違いだ。そもそもの課題は表面には見えないことが多い。真面目な人間は継続を重視するあまり、現状に引きずられる。そして間違えた課題を設定し、新たな問題を引き起こす。

対策

見つかった課題に対する対策は具体的かつ端的でなければならない。端的でなければ解釈の余地が残る。具体的でなければいつもの習慣に引きずられて元に戻ってしまう。よくあるのは敗北して課題も見つけ、気合いも入ったが、対策としては「気持ちを入れて頑張ります」になっている場合だ。これは何も対策していないに等しい。具体的にするためには、いままでと一体何を変えるのかを書いた方がいい。練習の前に目的があり、目的にも優先順位があり、それらが変わったから練習が変わるのだということを強く認識しておかなければならない。

陸上において、問題はレースにすべて現れるが、原因がレースにあるとは限らない。日常にあった問題点がレースで現れただけに過ぎない。極言すれば、日常のすべてが原因になりうる。しかし、そう考えてしまうと具体的には何をすればいいままでと変えられるのかがわからないので、あえて自分なりにこれが課題でこう対策するということを決めなければならない。

大事なことはそこに至るまでの思考プロセスで、これらが詳細かつ合理的でなければ、結局何度負けても学習しない。スポーツにおいての学習とは、起きたできごとをどのように捉え直すかであり、それは徹底した事実の把握と、合理的な分析と、具体的かつ端的な対策で決まる。

敗北とは自分を知る絶好の機会でもあり、良い学習機会でもある。とくにレースでの敗北からは相当なことが学べる。チャンピオンでい続けることが難しいのは、敗者の方が学ぶ機会が多く動機も高いからだ。せっかく負けたからには学習効果を最大にしなければならない。良き競技者は、「なぜ負けたのか」と自らに問うた後に必ず「敗北から何を学んだのか」と問わなければならない。

負け癖について

負け癖がつくと本当に辛い。勝ちたい勝ちたいと願っても、それが裏目に出て、まるで引き寄せられるように負けてしまう。負け癖がつくと選手は試合に出るのが嫌になり、できれば練習だけずっとしていたいという気持ちにすらなる。

私は負け癖と勝負弱さを分けて考えている。勝負弱さは人生において向き合う性質のような弱点であり（もちろん後天的に改善すると思うが）、負け癖は、期間の長短はあれ、あくまで一時的なものだ。また、負け癖はただ負けが続いている状態とは違い、客観的に見て勝てそうな状況でも負けてしまう状態を指す。むしろ勝てそうな状況になればなるほどまたあのときのように勝利を逃すのではないかという記憶がよぎり、事実そうなってしまう。スランプとも違う。スランプは実力自体が出せなくなるので、パフォーマンスが総じて低い。負け癖はパフォーマンス自体はそれほど変わらないのに勝負の局面でだけパフォーマンスが低くなる。

負け癖に限らず、競技における癖というものは、自分が勝手に編集した記憶が起こしている。たとえばコインを投げて、裏が四、五回続くことはそれなりにあるだろう。機械であればそこに何の意味も見出さない。ところが人間は起きたできごとに何か理由をつけなければ気がすまない生き物で、裏が四、五回続いたことに理由や法則を探し始める。そして自分に問題があるのではないかと考え始め、次の勝負のときに余計なことを考えてしまうようになる。敗北したという事実ではなく、敗北の記憶の編集の仕方によって負け癖が生まれる。すべてを忘れられる人間や機械は負け癖とは無縁だ。

負け癖が怖いのは、最初はただの編集された記憶だったとしても、それが続いていくとだんだんと自信を失い、最後には自分の立ち位置をそこに置き始めることだ。要は自分は敗北する側なのだと自分でレッテルを貼り始める。一度そうなると、そこから抜け出ることを、自分自身が邪魔をし始める。「お前が勝てるわけないだろう」と自分が自分を否定するようになる。下手をすると、これが引退後も続くことすらある。

いくつかのパターンとその対処方法はどんなものがあったか。

堂々巡り

負け始めると、人間の頭は堂々巡りをし始める。とくに思考が狭まりやすいタイプの人は、他人のアドバイスや外部の情報に対し素直に受け取ることが苦手で、かつ負けているから自信も失っていて否定的になりがちだ。「でも」「だけど」という言葉がつい湧いてくる。いろいろと悩み、考えるが、行動としては毎回同じことを繰り返す。

このような堂々巡りパターンから抜け出すには、自分の頭で考えていても埒があかないので、さまざまな人間に会うことを勧める。私は客観性を視点の多様さのことだと考えていて、いろいろな考え方や物の見方をインストールすることで、堂々巡りから抜け出せる可能性が高まる。人は同じ行動をとっている限り同じ思考にはまりがちになる。セミナーなどでいつも左に座る人間は、左から見える風景を元に思考を展開する。日常の自分の行動パターンを知り、それを意識的に変化させることが思考に新しい展開をもたらす。

反省し過ぎる

競技人生の前半で勝ちまくっていた選手が一回負けてからピタリと勝てなくなることがある。人間の恐れは生来のものと、経験由来のものがある。初心者は勝負の経験が少なく、経験からくる恐れが少ない。ところがある日一回負けると敗北経験が生まれる。人間は理由を探す生き物だから、何か自分が間違えたんじゃないか、または相手がすごく強くなっているんじゃないかと不安を抱えるようになる。実際に敗北には理由がある場合もあるが、たまたま負けただけだということもある。負けたからといってこれまでの取り組みのすべてが原因のわけではないが、反省し過ぎるタイプはこれまでやってきたことを否定し過ぎてしまう。これまでのやり方を変え過ぎれば定着せず、うまくいかないのでまた反省し、さらにやり方を変えて……とどんどんはまり込んでいく。

このような場合はコーチをつけるか、ある期間はやり方を変えないということを決めてそれを貫いた方がいい。その場合、疑いながら貫くことと、信じ切って貫くのでは正しい選択でも効果に大きな違いが出るので信じ切った方がいい。具体的に言えば、元々の自分の得意技や基礎に返って練習するのがいいと思う。

空気を読み過ぎる

人間が重圧を感じる背景に、少なからず他者の期待がある。いわゆる真面目で善い人は空気を読むことができるが、それが他人の意図を過剰に感じ取りプレッシャーにつながっている側面もある。また、プライドが高すぎるがゆえに空気を読み過ぎている場合もある。共通点は他人からの目を気にし過ぎて自分の行為に集中できなくなることだ。

私もこの状況に陥ったことがある。練習ではうまくできるが、試合になって人が見ていると自分が失敗するかどうかをみんなが見ているという気分になってうまくできなかった。人の気持ちを察し過ぎて、パフォーマンスそのものに集中できなくなっていた。だから、人の気持ちを無視する練習が必要だと考えた。

対策として、試合前に壁に向かって立ったり、とにかく人はただのモノとして考えて、ひたすらに自分のプレイそのものに集中しようとした。子供のときに夢中でゲームをやっていて親に呼ばれても気が付かなかったあの状態になんとか入ろうとしていたというのに近いだろうか。能面のような顔をすると自分と外界を切り離せる感じがしたので、いつも顔をつくって試合に出ていた。

負け癖から抜けるのに最も効果があるのは、勝敗というものを忘れてしまうことだ。負け癖は勝敗にとらわれすぎた病とも言える。忘れるために一番手っ取り早いのは何かに夢中になることで、私は楽しみに浸ってしまうことが一番だと考えている。これが強いプレッシャーに晒されるオリンピアンが、試合前に「楽しんできます」と表現する理由だと考えている。楽しむという言葉をもう少し正確に表現すると没頭するということになるだろう。没頭していれば過去の記憶がつい浮かんでしまう状態を排除できる。

負け癖は自分がつくり出した幻に過ぎないが、幻であるがゆえに具体的にどうアプローチしていいかわからない。私は本質的には原点に返ることが大事だと思っている。多くの選手は競技を始めた頃、無邪気に楽しくやっていたはずだ。競技人生が進んできて重圧がかかってくるといつの間にかしかめっ面になり、考え込むことが増える。

子供に戻れる選手はプレッシャーに強い。私は負け癖に悩んでいる選手がいたら、競技を始めた頃の無邪気で楽しかった頃の気持ちを思い出してみることを勧めている。負け癖は厄介だが、正しく対処すれば必ず抜けられる。

停滞について

長く競技をやっていると、停滞状態に陥ることがある。ここで言う停滞状態は実力が落ち込むスランプとは違い、問題があるわけではないが成長が止まり、文字どおり停滞してしまうことを指している。人によってはこれを「安定」と呼ぶこともあるのかもしれない。こうした時期が長く続くと自分のモチベーションも低くなる。何をやっていいかわからない状態や、未熟で型が定まっていない状態はこの停滞の定義から外れる。この停滞状態から抜け出るにはどうすればいいか。

乱暴に分ければ、選手やチームの状態は混沌と秩序に分けられる。競技を始めるときやチームを組み始めるときは、混沌の状態から始まる。ハードルを跳ぶにしてもどこに力を入れたらいいか、トレーニングをどう計画したらいいか、コーチとどうコミュニケーションをとっていいか、何がポイントかがことごとくわからない。そこから少しずつ学んでいき、徐々に技能が熟達していく。

技能が熟達するとそこには経験と予測が生まれ、秩序が生まれる。いま何をしているのか、次に何が起こるのか、何を計画すればいいのかがわかるようになる。そして多くのことが想像の範囲内で行われるようになる。基本的には混沌から秩序の状態に向かうことがパフォーマンスを高めるうえでは良いこととされる。

イメージで言うと、こんな感じだ。

砂場で砂山をつくり、その頂点に水を流し込む↓水が溢れそれぞれの方向に流れていく↓水は右に行ったり左に行ったりまたは溜まり場をつくったりしながら徐々に下に流れていく↓その流れが溝をつくりその溝に沿って水が流れるようになる。

一度溝ができた山ではよほどのことがない限り流れは変わらなくなる。この初期状態が混沌で、後半が秩序だ。

トレーニング効率で言えば、秩序が高まった状態の方が良い。方向性が定まっていて、次に何をすればいいか、何が起こるのかがわかっているから、無駄がない。混沌状態ではそもそもどちらに向かえばいいのかがわからないので力が分散し、無駄が多くなる。ところが、人間の創造性が高まり、成長しやすいのは、混沌の状態から秩序に移行する最中にある。かなり混沌に近い人もいれば、秩序に近い人もいて、人それぞれだが、完全に秩序が保たれた状態では想像力も刺激されない。なぜならばすでに計画があって予測ができ、次にやることが決まっているからだ。

人間はよくわからない未知の中で実践的に行い、試すときに最も大きな学びと刺激を得る。トレーニング効率を高めようと思えば秩序が望ましいが、個人の生命力ひいては成長を最大化させようと思うと混沌に近い方が望ましい。

とくに競技人生後半は、経験が蓄積され、かなりのことに予測がつくようになる。こういうときにブレイクスルーを起こすためには、自分で自分を驚かせなければならないが、自分で自分を驚かせることを計画すること自体に矛盾がある。自分で自分をくすぐってもくすぐったく感じないのは自ら意図し、その予想もついているからだ。驚きは自分の知らない何かが潜んでいなければならない。想像の範囲の外に行きたいのだが、自分自身が想像している以上それだけでは自分の範囲を出ることが難しい。

また、秩序は一定期間を過ぎれば腐敗する。秩序が生まれ、それが一定期間を過ぎると、目的のための秩序であることを人は忘れ始め、秩序が保たれることそのものが目的になる。結果として、そのような集団や個人は、変化しにくくなる。環境が変化しないのであればそれでも問題はないのかもしれないが環境は常に変化する。先の砂山の例で言えば、何度も何度も水を通した溝は強固になり、どのような流し方をしても同じ場所を通そうとしてしまう。私はこのような状態が停滞だと見ている。

ではどうすれば停滞は打破できるのか。それには混沌状態に少し引き戻すしかない。私は「揺さぶり」が重要だと考えている。スポーツでコーチが果たす役割の一つは、選手が停滞を始める早い段階で相手に揺さぶりをかけ、混沌状態を生み出し、引き上げることだ。それが良いことだとは思わないが、スポーツ界に無茶振り文化や、ハラスメント文化があるのは、この揺さぶりによって本人の思う限界から外に引き出そうという効果を狙うという側面もあると思う。私はコーチがいなかったから自分で自分を揺さぶるしかなく、自分を驚かせる難しさを感じていた。

揺さぶるためには、何かを大きく変えると効果的だ。私の場合は、場所を変えるか、会う人を変えることが効いた。人間は環境の影響から逃れることはできないので、環境が変わらないまま自分を変え続けるのは難しい。私は結果として四、五年に一度環境を変えていたが、それは同じ場所で同じ人といい続けると自分が安心し、そして停滞してくる感じがしたからだ。

初めて海外のレースに一人で出たときは、何をしていいかわからなかった。一生懸命適応しようとするその期間に自分が劇的に伸びたと感じている。秩序状態では努力と感じることが、混沌状態では夢中や必死の時間と感じられ、気が付いたら時間が過ぎているということが起きる。混沌への適応の方が短期的に辛いかもしれないが、人の創造性を掻き立て、成長度合いも大きい。

人は自分に合うチームや環境を探したがるが、心地よい場所は停滞を生みやすい。幸福感の最大化を目的とするなら、自分に合うチームを探しそこに長く滞在することが望ましいと思うが、パフォーマンス向上を目的とするなら心地よい場所にい過ぎてはならない。または、同じ場所だったとしても自分から自分の環境を揺さぶり続けなければならない。

一度ぴたりとやめてみることは、停滞を抜けるうえで効果がある。人間はほとんどの時間を習慣の中で生きている。自由に自分で決めているようでいて、実際は体に染みついている動きや考え方に基づいて生きている。そして、それがただの習慣だということを自覚しにくい。だから一度やめてみて全体を眺めてみる。怪我をした選手が復帰直後から高いパフォーマンスを発揮することがあるが、これは強制的に競技から距離を置くことで無駄が省かれ何が本質かが見えるようになるからだと思っている。習慣は強力だが、何のためにやっているのかを煙に包んでしまうことがある。

停滞は競技を長くやれば避けられない。とりわけ、長く組織にいることや秩序を保つことを是とする日本では、停滞にはまりやすい。停滞は見る人から見れば安定に見えるし、そもそも秩序の中でしか生きたことがない人間は混沌状態で生命が活性化する自分を経験したこともない。かなりこじつけて言えば、私は現在の日本は秩序が高まり過ぎているように見える。そして歴史を振り返って日本が伸びてきたのはいつもなんらかの理由で混沌状態に追い込まれたときだったと思う。

個人レベルでできることは、とにかく違うコミュニティに触れておき、自分を落ち着かせないようにすること、そして定期的に距離をとり、習慣から離れてみることだろう。また、停滞とは静かに進行するもので、はっきりと停滞したなと感じる頃には停滞はかなり進んでいる。高倉健さんが、やくざ映画が大人気の頃にこれは続けてはならないと思ってやめたといわれているが、停滞は好調状態ですでに進行し始めていることが多い。

秩序自体は悪くない。何かを安定的に回し続けるためには混沌より秩序の方が望ましい。とくに高校生や大学生ぐらいであれば、卒業がありチームのメンバーは定期的に入れ替わるので一定の秩序が必要だろうと思う。

安定は人を安心させ幸福感も高める。ただ、トップアスリートの世界のように限られた時間で頂点にどれだけ近づくのかという競争で言うならば、秩序状態はそこそこの成長は生んでも人を爆発的には成長させない。混沌は苦しい。だからこそ人は成長する。

嫉妬とその対処

スポーツに限らず嫉妬という感情は人間社会に深く影響を与えている。嫉妬の対処法は古くから語られているが、実際に社会の中から嫉妬が消えていない現状を見ると、嫉妬は消えないという前提でうまく扱っていかなければならないのだろう。

嫉妬とは何か。私は自分自身がほしいものを持っている相手に感じるネガティブな感情だと整理している。ずるいという感情も含むかもしれない。ほしいものに対して人は嫉妬するのだから、嫉妬している相手をよく観察すると自分がほしがっているものや足りないものがわかる。

嫉妬への対処は、嫉妬してはならないという思い込みを外すことから始まる。嫉妬しているならそれを認めなければならない。嫉妬しているのにしていないと自分を抑えつけようとすると、ネガティブな感情をこじらせて振り回されてしまう。嫉妬という感情は浅ましいものであると子供の頃から教えられ、それを認めることに抵抗を感じる人は多い。しかし、人は自分の内側に感情を抑制し続けられるほど強くない。嫉妬は自然に生まれるもので、それを否定したら自己の内側においては苛立ちを生み、外部に対しては攻撃性を生む。羨ましい、悔しいと素直に言えなくなった人間が批判的になるのはそういうメカニズムだと思っている。

アスリートにとって、嫉妬そのものは問題ではない。嫉妬も一つのエネルギーだから、善も悪もない。嫉妬のエネルギーの行き先を、自分や社会に対し悪い影響を及ぼす行動に向けることが問題だ。使いようによっては勝利に近づくための原料にもなりうる。選手が最も気にしなければならないのは、嫉妬したときの感情を一体何に投下するのかという部分だ。

嫉妬しているのは、ほしいものを自分ではなく誰かが手にしていることが原因なのだから、それを手に入れるために自分自身を高めて手に入れられるようにするというのが一番わかりやすい前向きなエネルギーの投下方法になる。嫉妬に苦しむのは視野が狭いことが原因でもあるので、遠くまで行き、高くまで登れば、あんなにほしくてしょうがなかったものがしょうもないものに見えるということも往々にしてある。効率がいいのは、嫉妬のエネルギーを自分の器を大きくすることに使いましょうということだ。嫉妬の使い道はとにかく自分の将来に資する行動につなげることに尽きる。これがうまく機能すれば嫉妬は文字どおりエネルギーになり、嫉妬すればするほどトレーニングに没頭できるようになる。それでもなお嫉妬心がなくならないこともありえるが、嫉妬のエネルギーによって一定の成功を収められるなら割に合うだろう。

嫉妬のエネルギーを考え込む方に使ってしまう場合は、あまりいい結果を生まない。なぜ自分は嫉妬するのか。嫉妬しないためにはどうすればいいのか。嫉妬してしまう自分はだめなのではないか。このように考えることは一定期間であれば自分への理解を深めるが、放っておけば堂々巡りに陥る。嫉妬と向き合うことはいいが、嫉妬の解明に執着してはならない。こういった類のものは覗けば覗くほど人を引きずり込むからだ。ある程度考えた後は、馬鹿になったように行動に移し、気が付いたら忘れていたというのが一番いい。

自分が誰かに嫉妬するだけでなく、自分が他者に嫉妬されることもある。嫉妬されたときの対処で一番いいのは、それを受け取らないことだ。なだめるでもなく、攻めるでもなく、その人の前では微笑をたたえ多くを語らず、対処は機械的に行い、自分のやるべきことに没頭する。一度でも対応すると相手は反応してくれると思って長期化する。人間関係の疲労は肉体的なものではないが、精神的にはかなりダメージを食らう。嫉妬で他者を攻撃する人間はだいたい常習で、もはや嫉妬するために対象者を探しているような状態になっているから、そこに説得可能なロジックはない。わざわざその標的に名乗りを上げる必要もない。

スポーツ界はポジションが限られているし、そもそも競争心が強い人が多いので、嫉妬心は強い傾向にある。引退後にスポーツの世界で生きていきたいのであれば、年齢が上の人間の嫉妬心は意図的には刺激しない方がいいだろう。かといって萎縮する必要もないので、淡々と自分の競技や、やるべきことにフォーカスする。賢い選手は、これを知って謙虚な自分を演出するが、それを見抜く相手からは、相手を欺けるというむしろ上から目線の振る舞いに見えるので、あまりやりすぎない方がいい。

嫉妬は人間社会において必ずある感情で、この扱いによって身を立てることもあれば滅ぼすこともある。冷静になってみれば、嫉妬はただのエネルギーに過ぎない。競技者はこの貴重なエネルギーの投下先を自分の人生を良くすること以外に向けてはならない。

楽しむこと

私の競技人生哲学の根底には楽しむことがある。これは私にとって競技をする目的でもあり、かつ一番有効な戦い方でもあった。しかしながら、この楽しむという言葉が日本語で真面目にやることとの対義語として語られ、抵抗感を持たれることがある。

私にとって楽しむこととは、「主体的に行う」ということに尽きる。楽しむことと真面目にやることは対義語ではない。楽しむことの対義語はつまらなくやることだ。真面目に楽しんでやることもありえるし、不真面目につまらなくやることもありえる。楽しむとは心の様相であり、目の輝きであり、対象物に対し自らの創造性が発揮されていると感じられることである。

楽しいときには、余白があり、遊びがあり、主体性がある。一方余白も遊びもなければ、そこに自らの創造性を発揮することは難しく、人は機械化する。楽しむ感覚は、いまこの瞬間に次に何をやるかは自分が選べるという自由と主体性によって生み出される。計画され過ぎること、統率される過ぎること、秩序をつくり上げ過ぎることで、楽しむ心は失われる。

楽しいことをやることと、やっていることを楽しむことは違う。前者は受け身の行為であり、後者は主体的な行為である。前者は誰かが人を楽しませるためにつくり出したものによって遊ばされている。後者はそこにあるものを自分なりの工夫で編集し直して遊んでいる。もちろんきれいに分けられるものでもなく、前者から後者への移行もある。ただ、比重が楽しいことをやること（＝楽しまされること）に近づき過ぎると、自らそれを楽しむという主体性が失われていく。

楽しみ方は人によって違う。私のように開放性が高く、新しいものを好む人間は、瞬間瞬間の思いつきを大事にするが、計画を維持し、一貫性を保ちたい人間は、これを不快に感じ、楽しめない。後者の人間は、じっくり考えそれを計画的に実行するプロセスにおいて楽しみを見出す。前者の人間は瞬間と非連続的成長を楽しむが、後者の人間は一貫性と連続的成長を楽しむ。これは個性であって、良し悪しの問題ではないが、いずれにしても主体性がそこになければ楽しんでいるのではなく楽しまされているだけだ。

私の考える「楽しむ」という行為は以下のような構造になっている。

観察→仮説→実行→検証

いわゆる普通の上達プロセスと変わらない。ここに主体性を持てるかどうかだ。楽しめない人の思考パターンは、まず観察しているときに自分なりの見方ができない。仮説を立てる際には結果が予想できないことを考えられないし、考えてはいけないと思っている。また、一旦計画を立てると計画どおりやらねばならないと思っている。検証においては何を学んだのかではなく計画どおりだったかばかりに気をとられる。楽しめない人は、主体的に考え、実行する権利が自分にあると思っていない。なぜならすべては計画されていて、そこに変更を加える余白はないと思っているからだ。

では、どうすれば楽しめるか。たとえば観察の際に違う見方をしてみようと工夫する。人の意見を聞く。自分の見方がすべてだと思わない。仮説においてはいたずら心を入れる。うまくいくことよりも結果がどうなるかわからないことを優先する。

予想できることばかりやることが硬直化を招く。実行の際にはさまざまな情報がフィードバックされるから、その都度柔軟に対応する。ときには計画から離れて返ってきてもいい。やってみて、うまくいったのかいかなかったのか。いったのはなぜか。いかなかったのはなぜか。観察の見落としか、仮説の間違えか、それとも実行できなかったことがあるのか。自分なりの落とし込みがあり、また観察に向かう。

このようなプロセスは、子供が外界を理解するプロセスと同じだ。大人と違う点は、観察・仮説が非常に短く、すぐ実行して、結果を観察するということだろう。いずれにしてもやってみて、いったいなぜそうなったのかを理解することで法則を学んでいく。

楽しめないことによる最大の弊害は、成長できなくなること、そして心が持たなくなることだ。とはいっても、若い年齢であれば楽しむことを捨て、指導者が決めたことをひたすらに実行しても高いレベルに行くことができると思う。しかもかなり高いレベルまで。しかし、競技の世界を見てきて感じるのは、長く続ける選手は主体性があり自分で考えることができる。楽しむことを捨てて、ひたすらに決められたことを実行すると、人の心は何かを抑圧している状態になり、それが競技人生の後半、また引退後に跳ね返ってきて害をなす。こういった選手は頑張ることとは抑圧することだと思い込んでいる。そこに常に頑張っていないとだめだという几帳面さが加わると、人生のどこかで大きなしっぺ返しを食らう。人の心は抑圧し続けられるようにはできていない。

楽しんでいて勝てるのかと現役時代によく反論されたが、私は楽しまないで勝てるのは短期の勝負だけだと反論していた。楽しむ行為とは究極の主体的行為である。外界を観察し、身体をどのように扱えば、目指すべき目的に向かえるのかという創意工夫のプロセスであり、次々に変化する環境や自分の体に柔軟に対応することである。楽しむとは、過去を振り返り悔やみ引きずられるでもなく、何も決まっていない未来を憂い恐れることでもなく、いまここ・自分にフォーカスすることである。楽しむことは自分を信じることであり、あるべき姿ではなく本来の自分を解放することでもある。

諦めない技術について

諦めるのかどうかは、性質・性格（根性）だけでなく、技術の要素がかなりあると私は思っている。

苦しい練習は、痛みや苦しさに耐えなければならない。人間の痛みや辛さは同じ状況でも感じやすい人もいれば、感じにくい人もいる。行動経済学者・心理学者であるダン・アリエリーによれば痛みにも多少の適応があるそうだ。練習の苦しみや痛みは避けられないが、どこに意識を置くかによって感じ方はずいぶん違う。たとえば火事で必死になって逃げているときに、自分のふくらはぎに切り傷ができていても気付くことはない。それがホッとした瞬間に痛みに気付く。

辛い練習では、自分の苦しみや痛みに意識を向けないことが大事だ。できることなら何にも意識を向けないのが一番だが、人間の頭はつい何かを考えてしまうものなので、そうなったときに何か別のことに意識が向けられることが望ましい。私は痛い、苦しいということを意識に上らせないために、苦しい練習のときは数字をカウントして気をそらしていた。競技スポーツの練習は、苦しいことからは絶対に逃げられないので、自分と心を一体化させず、機械のようになった方がいい。機械が諦めないのは心がないからだ。少なくとも苦しみに耐えるときには心を自分からうまく外しておかなければならない。

私は長期的に諦めない技術を以下の三つに分けていた。

1　反応を薄くする
2　目標を小分けにする
3　自分を信じすぎない

反応を薄くする

諦める人間はリアクションが大きい。難しいタスクを行っているとき、諦めやすい人ほどリアクションが大きかったという実験結果もある。リアクションが大きい人間は、感情が表に出ることを抑えられない。人間は期待と結果の差があるときに心的にダメージを受けて諦める。感情的な人間は期待が大きいので、失敗したときの落胆も大きい。

私は元来感情的な人間だが、辛い練習や試合で成功失敗を繰り返していくたびに、一喜一憂していては心が持たないと思い、少なくとも競技においては淡々とすることを目指すようになった。具体的には表情をなくすことを意識していた。感情が表情をつくるが、表情によって感情も影響される。感情に直接手をつっこんでコントロールすることはできないので、コントロールできる表情を意識し、競技中は能面をいつもイメージしていた。そうするとなんとなく心の揺らぎが小さく感じられた。

心がゆらぐこと自体はそれほど問題ではなかったが、ゆらいで収まらなくなることは問題だった。諦めない人間はいつも平常心でいるというよりも、乱れてから収束するまでの時間が短いのだと思う。

短期（一〇年程度）の勝負は感情が揺れる人間でも持つと思う。だが、一〇年を越え、二〇年近く競技を続けていくと、競技力もさほど伸びなくなり成功より失敗の方が多くなる。感情的な人間はその頃から徐々に落胆の大きさに心が耐えられなくなっていく傾向にある。

競技を長くやった選手の多くは老成した空気をまとっているが、そのような性格の人間が生き残るというよりも、環境に適応した結果そうした性格に仕上がるのではないかと私は考えている。フランクルの『夜と霧』の中でアウシュビッツで人が多く亡くなったのはクリスマスの後だと書かれてある。自分の中で物語をつくり、もうじき家に帰れる、家族に会えると期待をふくらませ、それがかなわなかったときに失望して衰弱していったと。期待がなければ落胆もない。

目標を小分けにする

よくトップアスリートの小学生の頃の文章が出回り、オリンピアンは小さい頃からオリンピックを目指してそれが見事に実現しましたね、という話になるが、私の感覚では大きな夢は競技成績とはそこまで相関がなく、それよりも日々の小さな目標設定と振り返りの方が競技成績に影響すると思っている。自分自身の子供時代を振り返ると、スポーツで才能のある子の将来の夢は、オリンピックや、ワールドカップ、プロ野球選手であることが多かった。子供の頃大きな夢を描いてもオリンピックに行けない選手の方が多い。

大きな目標は聞こえはいいが、具体的に明日何をすればいいかは教えてくれない。自分を成長させるのは結局具体的な練習しかない。練習の中で何を意識し何を目指し何を達成すれば勝利とするのか。これを決めて日々取り組み、そして帰り道でうまくいったのかいかなかったのか、いかなかったならそれはなぜなのかを振り返り、反省する。そしてまた明日の目標を決める。大きな目標よりもこのようなごくごく短期の目標と実践と振り返りの方が影響が大きかったように思う。

私は毎日、勝敗表をつけていた。基本的に毎日に目標があり、練習が終わって帰り際にその目標を達成できたかどうかで勝敗をつけていた。勝敗は六勝四敗ぐらいが一番やる気が出た。長期でも目標は持っていたが、一カ月程度の目標の方が競技力向上には効いたように思う。一カ月単位で考えることは副次的なメリットもあって、たとえば怪我や調子が悪いことなどで最初の一週間まったく練習できなくても後半で挽回して帳尻を合わせようと計画することができる。これが短すぎたり一日単位だと無理をし過ぎてしまう。一カ月ぐらいでバランスをとるぐらいが私にとってはちょうどよかった。

自分を信じすぎない

どうすれば諦めないですむのか。諦めるという選択を選びさえしなければ理屈上は諦めていないことになる。つまり諦めないということは、諦めることを先延ばしししている状態ともいえる。人間は記憶を無意識に（または意識的に）編集することが知られている。勝者は意図せず過去を編集してしまうので、苦しいときも強い意志を持って頑張ったという話になりがちだ。だが、実際は、諦めそうになるところを、先延ばししたり、なだめたりして、なんとかやり過ごしたという方が近いと思う。

私は強い精神モデルと、弱い精神モデルの二つで自分を捉えていた。前者は自分は精神的に強い、だから自分の意思で自分はコントロールできるというモデルだ。後者は自分は精神的に弱い、だから自分の意思で自分はコントロールしきれないというモデルだ。

私の競技人生は、最初は強い精神モデルで進んでいたが、スランプや敗北の際に精神的に脆く崩れる自分を見てしまい、途中から強い精神モデルを信じられなくなった。そこから弱い精神モデルに切り替え、誘惑が少ない環境を構築することを重要視した。

もしダイエットをしたいなら、まず冷蔵庫から無駄なものを捨て、コンビニから遠くに住む。そうすればトリガーになるものも少なく、いざ何か食べたくなっても買いに行くのが面倒なので、食べないことが増える。自分が弱いのであれば誘惑に負けにくい環境を先につくってしまえば結果として諦めにくくなる。

不思議なもので、強い精神モデルの競技者のうち、本当に突き抜けた一部の人以外は、途中でぱたっと引退してしまうことが多かった。強い精神モデルは、完璧主義でもあるので一度でも自分の弱さを見てしまうと自分はだめな人間だと考えて一気に崩れてしまうのではないか。弱い精神モデルは自分は弱い人間だという前提から始まるから、頼りないが崩れにくい。何より強い自分を諦めてしまっているので期待もさほどなく落胆することがない。

最後に、諦めないこと自体が目的化してはならない。とくに日本人は継続に対して極端に執着するので、これまで続けてきたからということだけを理由に続けてしまう場合がある。この場合は諦めないというよりも、諦めるという選択に気付いていないか勇気がなくて踏み出せないというのに近い。ずっと続けてきたことでも、一度距離を置いてみると、なぜ続けないといけないと思い込んでいたのだろうと不思議に思うことすらある。諦めないことは手段ではあるが、目的ではない。

世間的には、あのとき諦めたからうまくいきましたという話より、諦めなかったからいまがありますという話の方が取り上げられやすい。その結果、諦めないことが過大評価されているように思う。

注意の向け方について

私たちは世界をあるがままに見ているのではなく、注意を向けたものに引きずられ、バイアスを通して見ている。よく「人は見たいものを見ている」と言うが、見たいと意識していないものに注意が向いている場合も多い。注意がどこに向かっているかによって自分にとっての世界は変わる。

パフォーマンスとは動きであり、動きとは連動だ。連動するものは中心点が瞬時に変わっていく。中心点などないともいえる。この変わりゆく動きのどのタイミングのどこに意識するかでパフォーマンスは変わる。ときにはそれが身体を外れ、中空のどこか一点というときもある。注意は地味だが威力がある。注意を扱うことが癖づいた人間は、何を観察させても学べるようになる。

何にも注意を向けない世界は、仏教的に言えば無分別の世界、本来無一物の世界と言える。脳科学者のジル・テイラーが自身が脳卒中に襲われた経験を描いた『奇跡の脳』という本の中で、脳卒中で左脳がやられたとき、「私」と「それ以外」の違いがわからなくなったと書いている。このような世界は言葉によって切り分けられておらず、自分と外界も切り離されていないので、注意の向けようもない。つまり自分も含め世界はすべて一つになる。この状態を文化によって「有」であると言ったり、「無」であると言ったりする。

通常私たちは言葉で世界を分け、注意を向ける先を意識的／無意識的に選んでいる。そして言葉の切り分け方は人によって違う。たとえば「足腰」という切り取り方をする人は、足腰全体に矢印が向く。「ハムストリング（大腿後面の筋肉群）」という人はもう少し細分化された部分に矢印が向かう。「内転筋の付着部辺り」に注意が向けられる人は、その一点に注意が向かう。

また、「右足で地面を踏む」と言うと、どちらかというと足と地面の関係に注意が向かう。一方で、「右足の上に自分が乗り込む」と言うと、足と胴体の関係や重心位置などに注意が向かう。このように言葉は、対象の形やイメージや関係性をはっきりさせ、外界と切り離す効果がある。注意を向けるという行為は、言語で分別された世界の、どこに矢印を当てるかということだ。だから、注意をいかにして扱うかが上達の鍵を握る。

たとえばハードルを跳ぶ際には、ハードルの上をすり抜けることに注意を向ける場合、地面を蹴ることに注意を向ける場合、そして「するっ」とした動きに注意を向ける場合もある。

注意を向ける先が変われば動きは変化する。難しいのは変えたい対象そのものに注意を向けたからと言って、そこが変わるとは限らない点だ。右足を前に出したいと思っているときには、右足のことを考えるよりも右腕を引いた方が前に出る。さらには右足はみぞおちから始まっているのだと、架空の身体をイメージしそこに注意を向けた方が大きく前に足が出る。そういうことが起こるのだ。

起こしたい動きと、それを引き出すボタンの関係性を理解するには、あちこちに注意を向けることを繰り返すしかない。陸上競技は反復行為がほとんどだが、やろうと思えばすべての走りで注意を向ける場所を変えることもできる。注意を向けた先と動きの変化を観察し、そこから法則を学ぶ。一見競技と関係のなさそうな動きが、こうした理解につながる。身体の図式ができあがり、どこがどこに影響しているかが理解できれば、出したい動きを出すことができるようになる。決まった型を繰り返しているだけでは、関係性はわからない。決められた動作しかできないようにプログラミングされた選手は、成長や老化によって自分という個体の条件が変わったときに、うまく動かせなくなる。注意の向け方が中途半端だと、反復が文字どおりただの反復にしかならず、関係性が理解されない。

注意を邪魔するものはたくさんある。よく走り高跳びや走り幅跳びで選手が試技の前にその場で小さく動きながら集中しているが、あれなども注意を向ける先を絞っている効果がある。気が散るとは注意が動いてしまうことだ。自分の注意が何によって引きずられやすいのかは観察して理解しておくといい。

私は音に注意を引きずられる傾向にあったのでヘッドフォンをして無音にしていた。癖がわかると注意を扱うことも、またそれを避けて注意を高めることも可能だからだ。

細部に注意を向け続けると、次第に全体に歪みが生じることがある。いわゆる視野が狭くなり、動きが小さく偏りができている状況だ。だから競技者は注意を細部に向けることと、全体を見ることを繰り返す必要がある。虫の目、鳥の目という言い方もできるだろう。

私の考える注意の向け方には、三種類ある。見る、観る、眺める。後半に向かって徐々に俯瞰が強くなる。「見る」は、自分も対象物もはっきりしている。注意を向ける先も明確だ。「観る」は、注意を向ける先がぼんやりしている。焦点を合わせずぼんやり中央を観ている感じだ。ただ、自分がそれを観ているという点では見ると変わらない。「眺める」はさらに距離をとり、眺めている自分自体もぼんやりさせる。どこかに注意を向けるというよりも佇んでいるというのに近くなる。ぼーっと海を眺めているときに、携帯が鳴ってハッと我に返るときがあるが、その我に返る前の状態が眺めるに近い。自分と海の関係性が曖昧に漂っている状態とも言える。

「見る」は細部に注意を向けるのに適していて、「観る」は全体の動きに注意を向けるのに適している。「眺める」は、全体から要点を抽出するのに似ている。「見る」ばかりだとうまくはなるが小さく行き詰まる。「観る」は自然だが具体的ではない。「眺める」はそもそも意図して入ることが難しいが、うまくいけばいきなり要点を掴めるし動きは自然になる。「眺める」は注意自体が向いていない状態にも近い。実際の身体の動きは一点に注意を向け続けるよりも、ぼんやりとしたイメージに注意を向けていた方がうまくいくことが多い。

私は、川で平たい石を投げて水切りをするようなイメージで自分の走りを捉えていた。注意を向ける先は身体の部位ではなく、抽象的な動き自体だった。

私は引退してコメンテイターという仕事もしているが、そのときに役立つのが「眺める」という感覚だ。自分も対象も社会の空気もあるべき意見も一旦捨てて、ぼんやりとしながら中空からいきなり要点を掴む。そうすると隠れた見方が出てくることが多い。

何かを言おうとするということは少なからず意図が含まれているので、普通に考えると他の人と同じ見方しか出てこない。だからあえてぼんやり眺めていきなり掴んだ方が違う観点が出てきやすいのだと思う。たまに計算が働かなさ過ぎて炎上もするが。

燃え尽き症候群

燃え尽き症候群というものがある。ある日、燃え尽きたようにやる気が出なくなってしまうものだ。私はメダルを獲得した後、それから強いプレッシャーに晒されたとき、それに近い経験をした。そこから学んだのは、心にも体力があり限界があるということだ。それまでは目標のためには自分を蔑ろにするところがあったが、かなり繊細に自分の心を扱うようになった。

結局自分の心が壊れてしまえばそもそも目標に向かう動機がなくなってしまう。自分で自分の心を壊してしまわぬように、また他人に侵食されないように、常に自分の心を観察し、みずみずしさが失われないように気を使った。体の疲労は体感しやすいが、心の疲労は気を使って観察しないと理解しにくい。そして心の故障の方が複雑で回復に時間がかかる。

燃え尽きる状況は私の分析では、大きく三つに分けられる。

・目標を達成してしまうこと
・強い重圧を受けること
・主体性が失われること

人間は目標のために頑張るが、目標達成のために犠牲を払い過ぎると、達成した瞬間に燃え尽きてしまうことがある。目標達成がすべてであり、そのために日常を犠牲にするという性格の選手に多い。視野を狭めて目標に対して執着すれば、確かに達成する確率は高まるが、長期的にこの状態でい続けられるほど心が強い人はそうそういない。

もう一つは強い重圧を受けることだ。自分がやりたいと思うこと以上に、周囲の期待が高まると、人はプレッシャーを感じるようになる。この社会から期待を受けているときの感覚は、高地で生活はできているんだけれどふと息苦しさが襲ってくる感覚に似ている。夢中は義務に弱く、重圧は義務を生み出しやすい。重圧に晒されることで、目標がノルマのように感じられ計画通り進まなくなったときに強くストレスを感じ、心が疲弊する。

主体性が失われて耐えきれなくなって燃え尽きることもある。主導権が指導者にあるような環境ではこの状態になりやすい。心が健康でいるためには、自分で自分がやることをある程度決められることが重要だからだ。もちろん人によって程度に違いがあり、機械のようになれる選手はダメージを受けにくいが、私のように自分で決定するということを重視する選手はこの状況に長くいると適応できず燃え尽きてしまうだろう。

燃え尽きてしまう状況はそれぞれだが、燃え尽きる人間には共通点がある。それは自分をよく知らないということだ。ベクトルが内ではなく外に向いていて、外のことには興味があるが、自分の心には鈍感な傾向がある。また真面目で、責任感が強いタイプもあぶない。人間の心は気の持ちようでいくらでも強くなると思っていて、辛い環境に置けば置くほど人の心は強くなると思っているタイプは、何かのきっかけである日いきなりぽきっと心が折れる。

燃え尽きないようにするにはどうすればいいか。まず自分を知ることだ。自分はどのような場面で心が疲弊し、心の体力がどの程度かを知り、常に自分の心を観察する。そのうえで良い環境を選ぶ。トレーニングはただやればいいというものではなく、心が生き生きとしている状態でやれば効果が高い。だから自分の心を健全に保っておく必要がある。

もし燃え尽きてしまった場合、どうやって復活すればいいのか。

とにかく、休む、距離をとる、何も目指さない、これに尽きる。そして現在であればカウンセリングに行くことだろう。決してその場で問題を解決しようとしてはならない。燃え尽き症候群は行き着けばうつ状態に近くなる。いくら考えても論理的な答えが出てこないし、悲観的な状態にいるので考えが堂々巡りになる可能性が高い。

初めて燃え尽きを経験するときは、自分が燃え尽きていることを自ら認識できていない。とくに真面目な人間は自分の疲労よりも、周囲の環境や責任、目標を重視する傾向にあり、自分の心の声を無視してしまう。そのまま踏み込めば最悪の事態が待っている。

陸上競技は、過去何名かの自死者を出してきた。有名なのは一九六四年の東京オリンピックのマラソンで銅メダルをとった円谷幸吉選手だろう。私が推測するに、彼は許されたかったのではないかと思う。選手は結果と、努力を期待されている。どちらも重圧は強いが、結果はある程度運でもあるので、だめでもまだ許される。頑張ったけれどしょうがないねという言い訳が効く。

辛いのは努力の方だ。努力は自分の意思でなんとでもできるから、常に全力で努力していなければならない。もしそれができないならただの怠慢に見える。実際には選手も人間だから、怪我や燃え尽きで、頑張りたいし頑張るべきなのだけれどどうしても頑張れないときもある。そんなときに真面目な選手は責任感で自分を責める。円谷選手は「もう走れませんのでしばらく距離をとります」といって力を抜くよりも、前向きに倒れれば許してもらえると考えて自ら死を選んでしまったのではないだろうか。

一歩引いてみるとおかしなロジックに思えるかもしれないが、強い重圧の最中にいる選手はときにこのような思考にはまり込んでいく。一方、このような状況から抜け出して日常に帰ってきた選手もいる。本人の性質もあるが、伴走者の存在も大きいのではないかと思う。友人でも家族でも恋人でも、競技者という肩書きが外れた自分と一緒にいてくれる人間がいるだけで選手は救われる。円谷選手は、家族と離れ、コーチと離れ、結婚話が破断になり、伴走者を得ることができなかった。

社会は辛い状況を耐え切った選手が成功談を書いていることが多いので、生存者バイアスがかかっている恐れがある。どんな苦難も乗り越えられると。しかし、私も含め、すべての選手がそれほど心は強くないので、どんな選手も自分をよく観察し心を守れるようになるべきだと思っている。そして、私は自分の経験からそのような柔軟なやり方でも十分に世界で戦っていけると信じている。

「したい」という心が失われれば、何もかもが意味がなくなる。競技とは誰のものでもない自分のものなのだ。

言葉について

アスリートの言葉は響くとよく言われ、名言集などが出ている選手もいる。アスリートの多くの言葉はインタビューに答えたものなどで、「世間」に向けて発せられたものだ。一方で、外に向けての言葉ではなく、アスリートの世界の中で使われる言葉はパフォーマンス向上にどの程度影響するのだろうか。

私は言葉はパフォーマンスに影響すると信じている。日本育ちのアスリートで日本語話者でも日本語のレベルにはかなりの差がある。この差は具体的に、技術の精度、内省・修正の精度、伝達の精度、精神安定の精度に影響する。言葉で表現できない人間は、うまくいっているときはいいが、つまずいたときに内側に課題を抱えることが多い。言葉にできるということは、混沌の中から何かを切り分けてそれを眺められるということだ。客観視できなければ何が課題だと自分が思っているかが理解できない。

言葉を使うということは、全体から部分を取り出し、そこに集中する行為である。たとえば、ハードルでは「ハードルの上で休む感覚」という表現がある。まず「ハードル」という言葉を使うことによりハードルとそれ以外を切り離している。本当に休んでいるかと言うとレース中に休めるわけはないので、これは比喩表現に過ぎない。

走りは常時足を交互に動かす循環運動で行われているが、ハードルを跳ぶ瞬間に一瞬、「間」ができる。この「間」で脱力することを「休む」と表現しているのだ。足の力の入れ具合や、上半身の傾き具合など他にも無数の選択肢があるが、脱力の一点に注目をして「休む」と表現をする。どの部分に注目しどう表現するかで、選手の動きは大いに変わる。いい言葉は一言で全身が連動する。

言葉の粒度は身体の粒度と同じである。「足腰」と表現する人間は膝も臀部も下腿部も同じに捉えている。足腰を「ハムストリング」と言うこともできるし、「内転筋」と「半腱様筋」を分けて表現することもできる。言葉の粒度によって表現しようとする標的の粒度も異なってくる。粒度が細かければ繊細な表現ができるので、より細やかなフィードバックが可能になる。「うまく足腰が使えなかった」という人と「大腿四頭筋ではなくハムストリングの上部が使えなかった」という人では、その後のトレーニングで意識する場所が違う。ぼやけた言葉を使う人のトレーニングの目的はやはりぼやけている。

言葉の定義は身体だけに限らない。「努力が重要だ」という指導者に努力の定義を聞いてみる。仮にその指導者が、「努力とは目標に向けて自らの意思で行う、ストレスを伴う行為」と定義しているとする。そうすると「目標」の定義、「ストレス」の定義が必要になる。「目標」と「計画」と「夢」はどう違うのか、「ストレス」と「痛み」や「苦しみ」とはどう違うのか。キリがない作業だが、これをどこまでやっているかによって「努力」という単語の精度は変わる。

深く考えて使われる単語からは正確さが生まれ、正確な課題を見つけやすく、正確な答えと目標を設定しやすくなる。

では何でも詳細に表現すればいいかというとそうとも限らない。たとえば誰でも二足歩行はできるが、職業的にかかわっていない限りそれがどういう動きなのかを具体的に説明できる人間はいないだろう。普段歩き慣れていても、人前で歩く瞬間にうまくいかなくなるのは過剰に歩行に意識が向かうからだ。

運動動作の多くは無意識下で制御されているので、それを意識的に言語で表現しようとすることが必ずしも動作の精度を上げるとは限らない。無意識でできていたことを意識的に行おうとするときに、スランプやイップスが起きる可能性がある。結局「ズバッと」とか「グイッと」といった擬態語で表現した方が自然な場合もある。言葉にこだわる人間は冗長になりがちだが（私が典型だが）、良い言葉はいつも端的だ。そして小学生にもわかる。

言葉に正確でない人は事実と意見が混ざる。たとえば「海外での一人の試合」という場合と、「海外での孤独な試合」という場合では同じ状況でも捉え方が違う。前者は事実だが、後者には「一人は寂しい」という感情を通して描写されている。小さな表現の違いかもしれないが、選手は単語で自分に記憶させるので、長い時間が経てば大きな違いになる。

反りの合わないコーチがいるとする。その場合も「あのコーチは酷いやつだ」と言うのと、「私があのコーチを嫌っている」と言うのではずいぶん違う。後者にはコーチの評価はあくまで自分から見た景色であることが示されているが、前者にはそれがない。この違いに意識的でなければ、事実と意見がごちゃ混ぜになって記憶されてしまう。事実と意見が混ざれば、考え始めの出発点が歪んでいるので、そこから出る問題点も、目標も、計画もすべてずれていき、問題が解決されない。

私は現役時代もブログを書いていたが、最初のうちは何が事実で何が意見か自分でも区別がついていなかった。それで書いてから一日おいて、一つひとつ考えて切り分けることを続けていくと、次第に違いがわかるようになっていった。この事実と意見を分ける訓練を行うことで、精神的に安定するという効果が得られたと思う。

言葉の話でいえば、人間は羨ましいという感情を「あいつは大したことがない」という言葉に変えてしまうことがある。プライドの高さから羨ましいと感じていることを認められないので、違う言葉でごまかす。それでも自分でわかっていてやっていればまだ問題はないが、長い間自分をごまかし続けるといつの間にか自分でも本当の自分の感情がわからなくなる。このように本心を何かでごまかしてきた人は自分の言葉で語れなくなってしまう。隠すことに慣れ過ぎて本当の気持ちを吐露することができなくなるからだ。

本当に自分がほしいものややりたいことを言葉にできないことは、ものごとを複雑にし、成功から自分を遠ざける。こうした状況を打破するには、シンプルだが自分の最も認めたくないものを認めて言葉にすることに尽きる。

言葉を洗練させるには、読むか聞くか書くか話すか考えるかしかない。どんなジャンルでもいいから本を一〇〇冊も読めば言葉は変わってくる。できればどう感じたかを人に話したり、書いたりしてみるといい。

言葉がうまく使えるようになれば、より正確に問題を把握でき、より正確に事実と意見を分けることができ、より正確に自分の感情を把握でき、より正確に改善できるようになる。私の競技人生を支えたのは言葉だったと思っている。

PART

Ⅲ

「わたし」の身体をつくるもの

練習時間について

一五歳になるまではたとえどのような競技であれ、よほどのプロフェッショナルになっていない限りは（そうであったとしても私は子供にはさせないが）、練習時間は二時間以内、週に五回以内、週の練習時間が合計一〇時間を超えないようにするのが望ましい。私が初めて全国大会で優勝したのは中学三年のときだったが、中学時代までは、練習時間がこの範囲を超えたことはなかった。高校時代からはもう少し延ばしてもいいと思う。

以下が私の練習時間の推移である。練習内容で練習負荷が大きく変化するのでこれが正解の練習時間というものは見つけにくいが、いろいろ試してみた結果、私にとっては一日二時間あれば十分という結論に至った。

小学生　週二日　一日九〇分　週三時間

中学生　週五日　一日二時間　週一〇時間

高校生　週五、六日　一日二、三時間　週一五時間

大学生　週五、六日　一日四、五時間　週三〇時間

二二〜二六歳　週五、六日　一日五時間　週二五時間

二七歳以降　週五日　一日二、三時間　週一〇時間

アスリートにとって（アスリート以外にとっても）替えのきかない重要な資源はモチベーションである。体と比べ心の消耗は実感しにくく、かつ回復しにくい。しかし、やりたいという気持ちがすべての源泉だから雑に扱うと致命傷になる。なるべく高いところに行こうとすると、陸上競技であれば二五〜三〇歳でピークが訪れるので、一〇歳から競技を始めたとして、少なくともモチベーションが二〇年間切れないような練習方法を選ばなければならない。幼少期に無駄に練習時間を長くすると、モチベーションを未来から前借りして

いるようなものなので、選手の成長をある部分から阻害してしまう。

私が幸運だったのは、小学生、中学生時代、いくら驚くような記録を出しても、指導者も家族も興奮せず、練習時間を増やしたりすることもなく、友人と遊んだり家族と過ごしたりする時間を十分に確保できたことだ。おかげで最後まで心が新鮮だった（学業はほとんどしなかったが）。

一八〜二六歳の時期は長時間練習を取り入れたこともあるが、いまにして思えば、これは意味がなかったと思っている。年に数度であれば自分の限界を知るうえではいいかもしれないが、日常的に長時間練習をすることは割に合わない。


長時間練習の大きな弊害は、だらだらと力を出すことを体が覚えてしまうことだ。トレーニングとは適応のことでもある。重たいものを持ち上げれば重たいものを持ち上げられるように適応し、長く泳げば長く泳ぐことに適応する。長時間練習を行えば、無意識のうちに長い時間力を出すことに人体は適応する。それは裏を返せば一瞬で力を出せなくなるということでもある。

ときどき、長時間練習のすべての瞬間に全力を出せば問題ないという意見があるが、全力疾走でマラソンを走りきれないように、そんなことは不可能だ。練習を頑張れ、試合ではさらに頑張れという指導者は、何も言っていないのに等しい。これらは精神力でなんとかできる話でもない。だから、短時間で力を出し切る競技は、練習も同じようになるべく短い時間で練習効果を得られるようにした方が、トレーニングとしては正しい。

日本の選手のフィジカルが弱いという言葉は一瞬で出す力の大きさが小さいという意味で使われることが多く、その一因に練習時間の長さがあるのではないかと考えている。

長時間練習のもう一つのデメリットは、練習時間が長ければ何が重要な練習なのかを選手が意識しなくなるということだ。たとえば、すでに練習時間内で練習スケジュールはいっぱいだというときに、やはり上半身も重要だと考えたとする。練習時間をさらに延ばして上半身のトレーニングを入れることもできるが、その場合、上半身とそれ以外の練習の「どちらがより重要なのか」という比較がなされない。制限がかかれば人は選択せざるを得ないために、何を優先するかを考え始め、自分にとってより必要なものを理解するようになる。長時間練習は、何が重要な練習なのか考える機会を選手から奪う。

私の感覚だと、練習の最初の二時間で練習効果の八割は得られ、そのあとは徐々に怪我のリスクが高まる。これについての捉え方は二つに分かれる。二時間練習した後に得られる二割が勝敗を分けるから怪我のリスクがあってもやるべきだという派と、二時間を超えた練習は怪我のリスクが高まるために合理性がないという考え方だ。私は最初前者だったが、その後怪我を繰り返し、後者の考え方をするようになった。

もちろん「残りの二割」に徹底的にこだわった過去のプロセスがあるからこそ、そう思えるようになったのかもしれないが、いずれにしても本当に卓越すると一日一時間の練習ですら十分な負荷は加えられるようになる。ただその場合、ちゃんと力を出せるほど技術が卓越していることが条件になる。洗練されたスプリンターは全力で一〇〇メートルを走り切ると心拍が一九〇近くまで上がって疲労困憊するが、それは技術が高いので力が出し切れているからだ。トレーニング時間を短くできることは理想だが、それはその選手の技術の精度に影響される。

一つ断っておくと、競技中に高い出力よりも規律や正確性を求められるような種目は、練習時間が長い方が有利な可能性がある。いわゆる練習で行うことを本番も寸分違わず行うような競技だ。新体操、アーティスティックスイミング（元シンクロナイズドスイミング）などの芸術系だ。私はこの世界に疎いので予想でしかないが、反復により身体に覚えさせる世界は言語と一緒で身体が壊れない範囲で長時間行うほど洗練されるのではないかと考えている。こうした競技の最適な練習時間がどこにあるのかは私にはわからない。

陸上競技に関していえば、一二歳までは週に三時間、一二～一八歳までは週に一〇～一五時間まで、大人になってもせいぜい週に二〇時間を超えない練習が長期的には最も効果が高いというのが私の結論だ。

休み方について

選手にとって休み方はパフォーマンスに大きく影響する。陸上競技の結果は勝負の瞬間にどれだけのパフォーマンスを発揮するかに尽きる。四年に一回の五輪で結果を出せば歴史に名前が残る。反対にいくら練習で強く日常の試合を勝ちまくっても勝負所を外せば名前は残らない。私は人生で何度かあるチャンスで力を出すためだけに練習も休みも存在すると考えていた。そのような人間にとっては休みは準備の一部に見えている。

初心者は一回のトレーニングでかけられる負荷が低い。たとえば初心者が現段階でスクワットで一〇〇キロの重さが上がる筋力があったとしても、力の出し方やフォームのとり方がわからないから最初から一〇〇キロは上げられない。筋力がないというよりも、持っている筋力を十分に発揮するだけの技術がないということだ。このことが示すように、技術がない人間にとっては、練習一回あたりの負荷はどうしても軽くなる。

中学・高校の部活の練習時間が長くなりがちなのは、技術が未熟なぶん一回の出力が低く、それを量で補おうとするからだと思う。技術がない人間は量で自らを疲れさせようとする。

技術力が上がるということは、一回あたりの出力が上がるということであり、それは持っている力を出し切れるようになるということでもある。一回あたりの出力が大きくなると、短時間で強い負荷が身体にかけられるようになるが、一方で準備がより重要になっていく。

たとえば万全の状態で出せるタイムが一〇秒〇〇の選手が、疲労しているときは一〇秒一〇ぐらいしか出せないとする。ある程度のレベルより上では負荷の低い練習をいくら繰り返してもそれ以上レベルが上がらないので、一〇秒一〇より高いレベルに引き上げるには、自分の限界を超えるような負荷をかける必要がある。そのような強い負荷をかけるためには体調を整えておく必要が出てきて、ここで休み方の技術が必要とされる世界に入る。

余談になるが、ラットの実験でドーピングを行い一〇〇パーセントを超える力が出せるようになった後、ドーピングの成分が抜けるまで待ち、再びトレーニングを開始すると前と同じ程度の一〇〇パーセントを超える力を出せることがわかっている。高度なレベルでは安定を壊し、限界を一歩超えた世界を自分に体験させることでしか上に行けない。逆に、限界を超える体験をすれば身体がそれを覚えていて再現できる。

もちろんこれは陸上競技の例であり、負荷が小さい水の中や、演技系の競技は、休みに対しても異なる捉え方があるだろう。

では具体的にどうやって休めばよいのか。私もそうだったが日本人は休むこと自体に罪悪感を持ちやすい。そういう傾向がある場合はどう休むかの前に休むこと自体への抵抗感を減らさなければならない。練習熱心に見えている選手でも、休んでしまうことが恐ろしいから練習をしているだけの場合がある。これは刷り込まれたただの思い込みで、人生で一度も休んだことがないから怖いのだ。まず休んでも大して実力は落ちないということを自分に納得させることでしかこの恐怖感から抜け出すことはできない。

私は休みが少ない選手ではなかったが、数日まとめて休むときにはやはり不安だった。それでも練習に復帰したとき大してタイムが変わらないことを知って不安が取り除かれていった。一旦それがわかれば、あとは少しずつ休む期間を広げ、頻度を上げていく。ときに休みすぎて実力が低下することもあるかもしれないが、そうなったらまた元に戻せばいいだけというぐらいの楽観的な気持ちで取り組めばいい。

日本のような他人の目を極端に気にする文化では、他者に気を使って休めないことも多い。チームに気を使って休めない場合もある。きちんと休む人間は疎まれることもあるが、トップを目指したいならまったく意に介さず休む勇気を持つべきだ。コーチが休むことを認めない場合もあるが、そういうコーチとはできれば縁を切るか、極力無視する。それが難しければ、うまくサボる方法を見つけるしかない。ともかく選手にとっては結果がすべてで、結果さえ出ればすべては美談に変わる。そして、結果のために休むことは必須だと私は考える。

冬季トレーニングの間は、四週間をひとかたまりに捉え、そのうち一週間は休むことができる週として考えていた。いくら計画しても怪我や突発的な何かが起きて、八割程度しかできないことが多かった。だから、一週ぶん休みを設けておくぐらいが、ちょうどよかった。週単位でリズムをつくりながら、一カ月単位、一年単位でもリズムをつくっていた。やるときとやらないときをはっきりさせ、そのリズムがうまくはまっているときは例外なく試合でも走れていた。良いトレーニング計画にはストーリーがあり、ストーリーには強弱とリズムがある。これを意識して行うことが大事だろう。

二三歳以降は、毎年九月のシーズン最後の試合を終えたら一カ月間ほぼまったく練習をしない期間を設けていた。最初にやったときには勇気が必要だったが、練習を始めて二、三週間もすると元に戻るのを経験して、徐々に勇気を持って休めるようになっていった。

この長期の休みの一番のメリットは一定期間競技から離れることで、自分の姿が客観的に見えて、何をやればいいかがシンプルに考えられるようになったこと、そして何より自分の心が疲労せず健全に保たれたことだ。

将棋でも囲碁でも、周りで見ている方が打っている本人よりも大局的な視点を持つことがある。人間もやり続けると細部に入り込んでいき大局観を失うことがあるので、コーチのいない私にとってはこの一カ月間が頭の整理と来年度の戦略を考えるいい機会だった。

繰り返しになるが、陸上競技の勝負はある瞬間にどれだけのパフォーマンスを発揮するかに尽きる。シンプルに考えれば陸上競技はたった数度の試技で歴史に名前が残せる。休養は、その瞬間に力を出し切るための準備であり、決して余白ではない。

食事について

私は栄養学に疎いアスリートだったので、この章はあまり参考にならないかもしれない。ここでは何をどう食べるか、という選択において、私がどのように考えていたか、ということを中心に述べる。

アスリートの回復方法は、大きく分けると睡眠と食事しかない。食事は長期で見ると非常に重要度が高い。人間は一日に三度、アスリートであればもっと多くの頻度で、何を食べるかを選択している。アスリートにとっての食のセンスとはつまり選択のセンスである。栄養士を雇えるほど裕福な選手になるという前提でなければ、選手は自分でいつ何を食べるかを選べるようにならなければならない。

陸上はすべての国の選手が、同じ選手村に入り同じ食堂でご飯を食べるので、何を選んでいつ食べているのかを観察しやすい。日本人選手の栄養に関する知識は総じて高い。長距離の方が栄養にはセンシティブで、短距離、跳躍、投擲あたりの選手は比較的緩めだった。金メダリストがレースの直前にフライドポテトと揚げたチキンを食べているのを見て驚いたこともある。それを見ると栄養はパフォーマンスにそんなに関係ないじゃないかという見方もできるが、長期ではやはり影響が大きいと思う。

私はこの領域での知識がずいぶん粗いので、正しい知識は栄養学に関する専門的な本に譲るとして、自分でできる範囲のコントロール方法を書いてみたい。

私がサプリメントを取り始めたのは二六歳以降だった。トップ選手としては遅めだろう。年齢の早い段階でサプリメントを摂取して食の選定が適当になっている選手を見ると、自分は身体的に無理を感じるところまでは食事だけでいこうと決めた。

私は栄養の摂取は食物の栄養そのものと、それを吸収する身体の二つで食事の質が決まると考えていたので、栄養が凝縮されているサプリメントをとり過ぎるとこの後者の吸収能力が衰えるのではないかという仮説を持っていた。これが科学的に正しかったのかどうかはよくわからない。

サプリメントよりも私が気を付けていたのはタイミングだ。とにかく練習が終わってすぐ食べる。内容はそれほど気にしていなかった。グラウンドにはいつも何か食べ物を持って行っていて、軽食であれば練習の最中に食べていた。

食事は単純に栄養のためではなく人とのコミュニケーションなどの側面もある。毎回自分の都合ですべてを選ぶわけにもいかないし、できたとしても精神的に疲れる。栄養にセンシティブになり過ぎると、一回一回の食事でバランスをとろうとして逆に選び疲れをすることがある。私は栄養士を雇うお金もなければ、コーチやチームがあったわけではないので、栄養バランスや食事の量は自分でコントロールしていた。具体的には、週間で食べる食材を決めるというやり方だ。家にある食材をどうにかして食べてしまえば、一回一回の食事ではバランスがとれなくても、全体としてはバランスがとれる。全部つっこんでしまってそれなりに食べられる味にしてしまうには筑前煮のような方法が便利だった。また、一日炭水化物ばかりの食事になってしまった場合、翌日は炭水化物を減らしてそれ以外の栄養で埋めるなどして、一週間単位で調整していた。ベストの方法ではないかもしれないが、私に関してはこのやり方が一番うまくいった。

試合の三日前からは食べる量を八割ぐらいに減らしていた。試合前に糖質を溜め込む炭水化物ローディングは少しやったこともあるが、一分以内の運動だからなのか、あまり変化を感じられなかった。試合の前は四時間前までに食事を終え、お腹が少し空いていれば一時間以内にゼリー状のものやバナナを食べていた。

難しいのは五輪や世界陸上での食事のとり方だ。ここでは最大で予選、準決勝、決勝と三回試合が続く。とくに準決勝から決勝の間の四八時間をどう乗り越えるかが難しかった。最短で回復を迫られる局面だった。私は試合が終わってすぐバナナとオレンジジュースを飲み、試合後に選手村に戻ってから食事をすることにしていた。その日はお腹いっぱい食べて、翌日は九割程度、当日は七、八割というのがやりやすかった。

リラックスについて

よくリラックスするとは力を抜くことだと思われているが、競技中に全身の力を本当の意味で脱力することはできない。たとえば立位でいる以上、厳密に言えば足の力は抜けていない。力を抜くということはつまり、必要なところ以外の力が抜けているということで、肝心なところがしっかりと支え切れていることが条件だ。トップ選手がリラックスして見えるのは、必要十分な支えの結果である。

リラックスは身体動作におけるＭＥＣＥ《ミーシー》（Mutually Exclusive, Collectively Exhaustive）だと私は考えていた。ＭＥＣＥとは、ロジカルシンキングの基本的な考え方で「もれなく」「だぶりなく」全体を網羅している状態のことを言う。リラックスはただの脱力ではなく、動きに必要な部分のみがオンになり、それ以外がオフになる状態のことだ。身体動作はきわめて複雑かつ連動していて、あらゆる身体の部分が動きに介入している。

走るという動作一つにおいても、臀筋、ハムストリング、腸腰筋群、背筋群などあらゆる筋肉が稼働する。熟達者はこの中でも必要な局面で必要な部分だけに力を入れることができるが、非熟達者はすでに動きの中で役割を終えた部分や、関係のない部分にも力が入ってしまう。新しいスポーツをすると意外な部分が筋肉痛になったりするが、これは必要な筋肉だけでコントロールできないために、補助する筋肉が過剰に稼働してしまうためだと私は考えている。

たとえば針に糸を通すことを複数回行うと、初心者は上腕あたりに疲労を覚えるかもしれない。これは狙いを定めるために拮抗する筋肉両方に力を入れてコントロールしているためだ。走っているときの足で言えば前面と後面の両方に力が入っている状態だ。熟達者はこのコントロールを中心で行える。針に穴を通す例で言うと、腹筋や背筋でうまく体を扱い腕は力を抜いている状態にしておくことができる。だから熟達者には拮抗した筋肉同士が力を入れ合うということが起きない。前に力が入れば後ろの力が抜け、後ろに力が入れば前の力が抜ける。必要な部分が必要なだけ動く。このように連動した動きは、滑らかに見え、リラックスして見える。

私たちに最も大きな影響を与えているものは重力である。少なくとも立位のスポーツにおいては重力とどう付き合うかがリラックスを決める。膝や腰に痛みがあり、姿勢を維持できないときにそのままの状態で歩いてみると、あっという間にどこか別の部分がとても疲れるか痛みを覚えるようになる。重力は絶え間なく私たちに影響を与えているために、重力に対し自然な姿勢をとれることがリラックスの鍵だ。姿勢が悪く首が前に出ている人間にとって、僧帽筋（肩や首にかけての筋肉）がリラックスすることはない。重力に対抗するために必要な反応が起きているから、いくら本人が意識してもその部分だけを直すことはできない。唯一の手段は重力に対し自然な姿勢をとることだ。

リラックスは記憶によっても阻害される。人間は危険に対して恐れを抱くが、実際の危険の範囲より恐れの範囲は圧倒的に大きい。人生のどこかで「草むらに蛇がいた」という経験を克明に記憶している人は、すべての草むらを見ると恐れを抱くようになる。同様に、過去に痛みを感じたり、あるいは失敗したりしたことがある動作をする際、恐れによって緊張することがある。

競技においてリラックスしている状態に至るプロセスは、私の経験では次のようなものだ。

1　動きを反復し、部分的に意識せず行えるようになる

2　十分な筋力がつき全体の連動が起きるようになる

3　自然な姿勢をとり、中心から出る力で動作を行えるようになる
4　無意識で行い、疲れを感じにくくなる

人間は、自分が不必要な部分に力を入れているかどうかを試す機会があまりない。そもそもどこに力が入っているかに自覚的な人間は少ない。長時間力が入っていると、力を入れていることすらわからなくなる。だから、リラックスの前にまず力が入っていることに気付く必要がある。

当たり前のように行っていた動作で、改めてある部分の力を抜いてみると不思議とうまく動けることがある。逆に崩れることもあるが、やってみなければその境目がわからないので、力を入れてみたり抜いてみたりしながらどこが本当に必要な部分かを探らなければならない。私はよく失敗したり、動きを頻繁に変えたりする選手に才能を見出す傾向にあるが、それはそのように実験をする人間は、何が必要で何が不必要か理解するのが早いからだ。

リラックスできるようになると何が起きるか。早く反応し、柔軟に動けるようになる。リラックスしている状態では、いかようにも力が入れられる。つまり、身体が自由なのだ。反対に力が入っていれば一回抜いてからではないと力が入れられない。自分の手のひらで

力を入れた状態でパーをつくり、なるべく早くグーの状態に移行するのと、力を抜いて手を開いておいて、グーの状態に移行するのを比べてみてほしい。後者の方が速いと感じるだろう。

ちなみに陸上競技の短距離選手の動きは見た目とは違って、じつはそれほど速くない。卓球やバドミントンの方がよほど速い。走るという行為は、手足の動きの速さを競っているのではなく、移動速度を競っていて、いかにリズミカルに躍動するかで速度が決まっている。たとえばお風呂の中で体を前後に揺らすと徐々に揺れが大きくなりいずれはお風呂の水が外に溢れるようになる。しかるべきタイミングで揺らすからそうなるわけで、速度を上げてもタイミングを外せば揺れは大きくならずに乱れるだけだ。このように、身体の中にあるゆらぎを捕まえてタイミングよく揺らし続けることで速度が上がり続ける。レース中に急に遅れる選手は、この身体の揺らぎのリズムが掴みきれなくなって乱れている。リラックスした身体は自由にリズムをとることができる。

リラックスするためのトレーニングとしては、まず適切な立位状態をつくり、それを維持できるように、スクワットや体幹に近い部分を鍛えるといい。その際に顎の力を抜いたり、足の指の力を抜いたり、いくつか部分的に力を抜いて遊んでみる。結果として動きの中で何が必要で何が不必要かを体で学べるようになる。遠回りのようだがこうした繰り返しの先にリラックスがある。リラックスは効率化の結果であり、身体の中心を捕まえた結果生まれる現象だと私は考えている。

体幹について

日本では「丹田」のような言葉もあり、古来、体幹の重要性は語られていたように思うが、スポーツの世界で体幹という言葉が一般的に使われるようになったのはそれほど古いことではない。浸透したのは一九九〇年頃からだと思う。

体幹と呼んでいるものの具体的な位置ははじつははっきりしていない。少なくともスポーツの現場ではトップ選手でも具体的な場所を把握していなかった。私がイメージしていたのは、腸腰筋、脊柱起立筋下部、腹直筋下、内・外腹斜筋、腰方形筋あたりだった。人によって棒をイメージする人もいるが、私はボールのような形状をイメージしていた。おへその下あたりで体の真ん中あたりがその位置だ。

体幹がなぜ重要なのか。それは股関節周辺が力を生み出す源であり、また上半身と下半身を接続する部分でもあるからだ。立位で行うスポーツの場合、基本的に地面から力をもらっている。もっと細かく言うと、地面に力を加え返ってきた力を伝達することでパフォーマンスを発揮している。走るのも打つのも蹴るのも投げるのも、まず地面を踏んで、地面からもらった力をそれをどの部分に流すかという違いしかない。オフィスにあるようなくるくる回る椅子のうえでものを投げると（危ないのでお勧めしないが）、思った以上に遠くに飛ばない。地面を踏むことの重要性がよくわかる。

陸上競技では地面を踏む瞬間に体重を乗せて股関節伸展をしているが、その際に根元を固定するのが体幹だ。足が砲台だとすると、土台が体幹になる。体幹が弱ければ土台が固定されていない砲台のようになり、打ったときに土台が後ろに下がったりぐらついたりしてしまい十分な飛距離も精度も出ない。また、地面に加えた力が戻ってきた際にも、体幹が固定されていればそのまま上半身に伝わるが、弱ければ力が途中で逃げる。野球の金属バットの真ん中部分がプラスチックでできていたら、いくら強く打ってもプラスチック部分で折れ曲がって、飛ばないのと同じ原理だ。

体幹が強いというのは表面に見えている筋肉の強さではない。本当に体幹が使えるようになるとじつはシックスパックと言われるような表面の腹筋は緩む。シックスパックと体幹はそれほど関係ない。体幹の中心は目に見えにくい。

体幹を使う際には身体の内部なのでイメージしないといけない。まず、正面から見ておへその下あたり、横から見て体のちょうど真ん中あたりに、直径一五センチぐらいの空気が入ったボールのようなものがあり、その上に背骨が垂直に立っている状態をイメージする。体幹に力を入れるときは、そのボールを周辺から巻きつくように締め上げ、さらに上からそれを押さえつけると、前後左右と上から押され下に押し下げられたところで空気の逃げ場がなくなり内圧が高まる。弾力のあるボールを腹で食いしばるような感覚だ。うまくできるようになると、少し下っ腹を押し下げてそこに力を溜められるような感覚を得られる。

競技者の状態は極論すれば、体幹が使えているか、使えていないかの二種類しかない。もし使えていなければ体幹トレーニングは力を入れるためのコツを探す訓練だ。一旦使えるようになればすべての動作に体幹を使うので、日常動作すら体幹トレーニング化する。

私が試した中では、次の三つが体幹に効きやすいトレーニングだった。

1　ハンマー投げの出だしの一、二回転のように、正面を向いたまま少し腰を落として紐のついた重たいメディシンボールをぐるぐる回す

2　デッドリフト、ワイドスクワット

3　メディシンボール投げ

一番腹圧を高める感じがわかりやすかったのが、正しい姿勢での座り立ちだ。スクワットがキングオブトレーニングと言われる所以だろう。ハンマーの振り回しは全方向から自分の上半身が引っ張られるのでそれを踏ん張ることで腹圧のかけ方がわかりやすかった。ワイドスクワットは体を垂直に立てて腹圧をかけるやり方がわかりやすかったのでよく使った。この感覚がわかると相撲の四股が体幹に効く意味がよくわかる。

体幹を使いこなすためには地道な試行錯誤しかない。体幹に力が入るようになれば何が起きるか。肩の力が抜け柔らかくなる。肩や身体の末端部に力が入るのは、中心部でコントロールしきれていないために、別のところに負荷がかかっているからだ。中心でコントロールしきれれば末端は弛緩できる。素人がスキーをやって全身筋肉痛になるのはそういうことで、熟達者は力を入れるべきところに入れた後は、全身遊んでいる。体幹が強くなると全身の力の出し入れは自由になり、むしろしなやかに柔らかく見えるようになる。余談になるが、体幹が強くなって私はおしっこの勢いが出るようになった。膀胱に圧をかけられるようになったからだろうか。

現役の終盤では、体幹トレーニングは立って行っていた。というよりスクワットをしてもデッドリフトをしてもスナッチをしても腹筋含む体幹がヘトヘトになったので、あまりそれ以外のことはしていなかった。そのような経験から、熟達すればすべてのトレーニングが体幹トレーニングになると私は考えている。

骨格と動きについて

才能とは何かと聞かれると、こと陸上競技においては骨格はかなり大きな部分を占める。そして、骨格は努力で変えることができない。わかりやすい話で言えば身長は努力ではコントロールできないが、二〇歳から四〇歳以下のアメリカ人男性で身長二メートル一三センチ以上の六人に一人がNBA選手だ。

骨格は変えられないので、自分の骨格を理解し、どのように戦えばいいかを考える必要がある。そもそも競技を骨格から選べればいいが、はっきり自分の体型がわかるのは一〇代半ばで、そのあとスポーツを始めたのでは遅すぎる。なんらかのスポーツを行いつつ徐々に見えてくる自分の骨格を意識しながら、どのような競技が向いているか、どのような戦い方がいいか、また技術はどうあるべきかを考え、トレーニングで都度修正しながら着地させていくのが現実的なところだろう。

走ることに関して言えば、下腿部の形状や特性も大きく影響する。たとえば長距離選手はパフォーマンスがいい選手ほど下腿部の体積が小さいと言われている。たとえばマラソンではレース中に何回も足を引き上げなければならないために、体積が小さければ重量も軽く、消費カロリーが少なくてすむからだ。また、足首関節は硬い方がいいと言われていて、トップのケニア選手は九〇度よりも曲げられない選手も多い。極端に言えば立っているときにほっておいてもかかとが浮いてしまうような形だ。

走っているとき下腿部は基本的には受け身であり、上から落ちてくる体重を受け止めその反発で自分を前方に運ぶ。健常者の理想の下腿部の動きは競技用義足の動きに似ている。ケニア選手は力を入れずともまさにカーボン素材の義足と同じように、勝手に反発してしまって自分を前に押し進めるが、それは足首の硬さも影響していると言われている。

私は幼少期に水泳をやっていたので、足首が柔らかい。また、下腿部の体積は大きく、とくに腓腹筋やヒラメ筋が発達している。このような選手の足は基本的には走りには非効率だ。着地のときには自分の力で足首を固めなければならないし、また足を持ち上げる際にも体積が大きいのでエネルギーを消費する。

私は足を早く回転させるのが苦手だったが、下腿部の大きさも影響していたのではないかと思っている。一方で、神経が通っている筋肉の方が腱よりも多いので、コントロールは効きやすく、一歩一歩、足首の硬さを変えて歩幅を調整しやすい。コントロールできるサスペンションのようなものだろうか。結果的には四〇〇メートルハードルのような毎回ストライドを調整する必要がある競技を選んだのは正解だった。いくら硬く性能がいいサスペンションでも、硬さが一定であれば歩幅をコントロールできないので四〇〇メートルハードルでは不利になる。

肩幅と骨盤の関係も走るときのパフォーマンスに大きく影響する。骨盤が広いと、でんでん太鼓の半径が広くなっているようなもので、足を素早く振り回す際に大きな力が必要になる。同じ理屈で肩幅が広ければ少し振っただけで大きな回転エネルギーを生み出せる。同じ運動量でも半径が小さければ早く回転し、大きければゆっくり回転する。だから肩幅が広く骨盤が狭ければ少し肩幅を振っただけで骨盤がくるくる動き、ピッチを生み出せる。反対に、骨盤が広く肩幅が狭ければ大きく肩幅を揺さぶらなければならない。回転する椅子の上に座って手を広げて揺さぶると体にねじれを感じる。この手の幅が肩幅と同じような役割を果たしている。

ウサイン・ボルトのような身長であれだけの長い足を持っていると本来は足に振り回されて回転数が稼げないと思われていたが、あの逆三角形の広い肩幅と狭い骨盤と、大きく掻くような腕振りで、自分の足を前に引き戻すことが可能になっている。

女子選手がある年齢から急にパフォーマンスが出なくなるのは第二次性徴で骨格が大きく変化するからだろう。たとえばフィギュアスケートなど回転系競技は、骨盤の幅が広くなれば同じ力が出ていても回転できなくなるということもありえる。女性が走る際に腕を横振りにすることがあるが、これも広い骨盤を回転させるために腕を広げることで必要なエネルギーを確保する現象だと私は考えている。肩幅が狭く骨盤が広い人間は足の動きを意識するよりも、腕振りをダイナミックにした方がいい。腕振りの貢献度が大きいからだ。

教科書はどうしても、平均値をとったものになっている。途中まではそのとおりにして上達するが、理想の動きを求める際には自分の骨格の特徴を理解してオリジナルの動きをつくり上げなければならなくなる。人の動きをよく観察し、自分の動きと何が違うのかを考える。この繰り返しで、動きと形の関係が理解されていく。私の経験上、骨格が違う人間の動きを真似したときは決まってうまくいかなかった。動きは似せることができるのだが、力がうまく入らなかった。どのように力を生み出しているかと、どのような動きになっているかは形状によって相当違いが生まれる。動きは結果でしかない。

陸上競技は、言ってしまえば生まれたときに与えられているこの骨格をどれだけ効率よく動かすことができるかという競争だ。身体の構造を直感的に理解するためには、幼少期に多様な身体経験を積んでおくこと、つまり遊んでおくことが大切だと思う。そのベースがある人間は、理屈と感覚のバランスが良く、実際の動きに落とし込むのがうまい。大人になってからはひたすら観察と分析を繰り返すことが重要だ。

怪我について

アスリートにとって怪我ほど辛いことはない。私も怪我をしてしまったときに、どうして自分だけがこんな目にあうのかと落ち込んだり、ライバルがいい結果を出していてそれに焦ったり、少しも良くならないことに苛立ったりと、とにかく辛かった。だが、何度か怪我を乗り越えた経験から言えば、怪我はしないに越したことはないが、仮に怪我をしてしまっても得るものも大きい。

怪我をした場合、必ずドクターに診断をしてもらうべきだが、ドクターには怪我の診断はできても、これから先どんな競技人生を送ればいいのかの判断はできない。来週五輪の予選会を控えて痛みがある場合と、高校一年生で痛みがある場合では、同じ診断がなされても競技者の対処の仕方はまったく違う。前者は痛み止めを打ってでもなんとかするだろうし、後者であればとにかく安静にしてリハビリに励むだろう。また高校で競技を終える予定なのか、未来を見据えて競技をするのかでも違いがある。つまり結局は自分がどうなりたいのかという意思と計画があって、初めて適切な対応がある。

突発的な怪我は偶然であることも多いが、どこかに原因があると考えた方がリハビリの励みにもなる。私は怪我をしたからには身体動作にどこか非合理な部分があり、局所的に負荷がかかったのだと考えるようにしていた。そう捉えることで、自分の動きを根本から理解し、直すきっかけになる。陸上競技は他者との接触がない競技だったから、怪我は動きの歪みから来るものだと考えやすい。

私は左のアキレス腱痛と左膝の痛みでずいぶん苦しんだ。左膝に痛みが出るようになったとき、ビデオで見ると左膝が外に向いて右膝だけ前を向いていたので、それが原因だと思い両膝をまっすぐ向けるように矯正した。すると今度は左のアキレス腱が痛むようになった。よく見ると膝は揃っているが今度は左のつま先が内側を向くようになっていた。つま先も膝も正面を向けると、今度は左の腰が痛むようになった。左の腰を捻ることでつま先と膝を前に向けていたことがわかった。結局痛みが和らいだのは、右の肩甲骨の柔軟性を得たときだった。右の肩甲骨の動きの硬さを左の腰がねじれで吸収し、それが膝やアキレス腱のねじれにつながっていた。

痛みが出ている箇所そのものに対処しても、原因となる動きを改善できなければ結局また同じ痛みが出るか違う場所に痛みが出るということを繰り返してしまう。痛みが出ている場所そのものが問題とは限らない。

リハビリで、問題点がある場所にフォーカスしてそれを改善すると、今度は全体のバランスが変化するということが起きる。身体はすべてつながっているのだ。怪我のリハビリでは局所的に対処しつつ、一方で全体はどうなっているかを俯瞰するという、集中と俯瞰の視点を交互に行わなければならない。全体とは連動であり、つながりである。一つの機能・部分を切り離すことはできない。

怪我をしてしまってからは以下のことに気を付けてほしい。

痛みを試そうとしない

怪我の最中、どうしても痛みを確かめたくなり、もしかしてもう走れるんじゃないかと、ジョギングをしてみたり、また少し膝の曲げ伸ばしをしたりすることがよくあった。こういったことは怪我を長引かせるだけで何一つメリットがなかった。スケジュールを決めてその間は痛いかどうか試したりしないことが治癒への近道だ。

この試し行為によって痛みが出ないポジションをたまたま見つけてしまうことがあるが、これはよくない結果を招く。痛みを避けた体の動き方を学習してしまうことがあるからだ。そうなると仮に痛みはなくても全体の動きを歪めてしまっているので、いずれ別のところに負担がかかり、今度はそこを痛める可能性が高い。また、本来のポジションではないので力が出にくくなり、競技力自体が低下する。怪我に焦って正しいポジションから逃げてはならない。

実際に怪我をしてしばらく競技から離れても焦りを感じたり罪悪感を抱いたりすることはない。怪我がきっかけで競技力自体が高まることもあるぐらいだ。陸上であれば半年や一年ぐらい休んでも、途中で痛みの出ない体力トレーニングを継続していれば三〜四カ月で戻ってこられる。

無駄な時間だと考えない

私は怪我をしている間に、あのとき怪我さえしていなければこんな無駄な時間を過ごすこともなかったし、人を羨むこともなかった、とくよくよすることが多かった。これは精神衛生上よくないし、また負の側面に意識を向け過ぎることでせっかく土台となる能力を鍛えるチャンスなのに前向きに取り組めなくなってしまう。実際、怪我をしたときに、なぜ痛みが出たのかを考えることで自分の動きへの理解が深まったし、苦しくなると投げ出すという自分の弱さも知った。自分を理解するうえで怪我は良いきっかけになる。

怪我のときには、復帰後に大きく伸びるための土壌をつくるいい機会だと意識を変えることが大切だ。じわじわと効いてくる地道なトレーニングをするにはうってつけの機会だ。私は怪我の時期につくった自分の胴体周りが相当に競技力向上に効いたと思っている。せっかく怪我をしたならずっとほったらかしておいた宿題をやり切るぐらいの感覚でいた方がいい。

競技以外の関係、時間を確保する

怪我をしている時期は精神的に弱る。私も一時期、本当にこのままどこかに姿を消してしまおうと思うぐらいに追い込まれた。追い込まれると視野が狭くなり、なおかつ目先のことしか見えなくなるので思考が堂々巡りになりやすい。とくに真面目な選手は正面から怪我を克服しようとしてしまいがちだ。こういうときはグラウンドにいても他の選手と自分を比べて落ち込んでしまうだけなので、グラウンドにいる時間以外は違う趣味を見つけて夢中になるぐらいがいい。競技以外にも自分の人生があると自分に気付かせることで、客観的に自分の競技を見ることができ、それが打開の糸口になりうる。

競技者でカルト的な考えにはまる場合、怪我やスランプなど精神的に追い込まれたときが多い。健全なときには、答えを出さないで複雑なものを複雑なまま置いておけるが、怪我をしているときは精神的に弱っているので、すっきりと世の中を説明してくれるような答えにすがりたくなってしまう。この時期は言い切ってくれる人や、怪しい言説にはまりやすいので、よく気をつけておく必要がある。多様な人間と触れているとバランスを失いにくく、かつ戻ってきやすい。

怪我は本当に辛いが、一段階上のステージに上がる機会でもある。好調時に自分と向き合うことは難しいが、怪我の時期は自分の弱さに正面から向き合うことができ、自己理解の素晴らしい助けになる。怪我の時期に、選手の本当の力は試されるし、また鍛えられる。競技者の真贋はこのときに分かれるのだと思う。

筋力トレーニングについて

陸上競技は筋力トレーニングが全体のトレーニング比率の三〜四割になる。もっと多い人もいるぐらいだろう。筋力トレーニングは競技外のトレーニングを指していて、そのうちの基礎的なトレーニング（ベンチ、スクワット、デッドリフト、スナッチ、パワーリフト）を私はウエイトトレーニングと呼んでいた。

筋力トレーニングに限らず、すべてのトレーニングは与えた刺激に対し適応しようとする力を応用している。重たいものを持てば重たいものが持てるように適応し、長い距離を走れば長い距離が走れるように適応する。筋力トレーニングはある程度狙いたい箇所を狙ってそこに刺激を入れて、適応させることを目的としている。これは裏を返せば、どのような動きをしたいのかどこを鍛えたいのかが明確だからできることでもあって、筋力トレーニングをうまくやるためには、自分のやりたい動きがわかっていなければならない。

なぜただ走るだけ、競技をやるだけではだめなのか。理由は二つある。たとえば、地面を踏むという行為一つとっても、腹圧を高めて踏むやり方もあれば、膝下のふくらはぎを使って足首関節を強く使って踏むというやり方もある。前者が理想だが、後者の力の使い方でも一応踏む行為は成り立つ。そして最初のうちはこの違いが本人にもよくわからない。このように、外から見て実際に競技に必要な動きはできていても、内側を見ると本当に動いてほしい筋肉が稼働していなくてまったく出ている力が違うということがよくある。筋力トレーニングはこの本来必要な筋肉に刺激を入れて、そこを稼働させる効果がある。

もう一つは限界値を引き上げるためだ。初めてウエイトトレーニングをするとき、それほど重くないウエイトでも持ち上げられないのは、ただ筋力が弱いだけでなく、本気で力を出すという感覚がわからないからでもある。実際の競技はもっと複雑な動きをするので力を出し切れるところまでいくのはかなり時間がかかる。ウエイトトレーニングはシンプルな動きなので、全力を出すという感覚を掴みやすい。一見競技と関係のない動きでも、基本的なスクワットやベンチプレス、デッドリフトなどを行っておくと、それを土台にして競技力自体も向上する。

肝心の種目はどのようなものを行っていたか。陸上のとくに短距離で重要な筋肉は、中臀筋、内転筋、腸腰筋群になる。大腿部、背中、腹筋だ。短距離にとって股関節伸展は重要で、それである程度スピードが決まると言ってもいい。ジャンプスクワットをワイドスタンスで行うもの、前後に足を開いてこれもジャンプで足を入れ替えるもの、サイドにジャンプをして片足で立つことを繰り返すものを多用していた。また、股関節伸展が伴うものを好んで行った。

それ以外には腹筋背筋にかなりの時間を割いた。腹筋は腹直筋を攻めたくなるが、私の感覚では、腸腰筋群、外腹斜筋など体感を固定するような筋肉の方が重要だ。大事な筋肉は内側にある。自分の胴体を帯のように巻いているあたりの筋肉を強くししなやかに固定するイメージだった。

筋力トレーニングで意識していたことは、早く動かすべき筋肉とそうではない筋肉を分けることだ。私のイメージでは一人の身体の中でも速筋的なものと遅筋的なものがあり、末端に近くなるほど速筋的で、体幹に近いほど遅筋的だと捉えていた。だから手足では速い動きを意識することはあったが、体幹部分を稼動する場合はゆっくりと確実に動かすことを考えていた。釣竿を前後に振ると末端はしなるが、手元はがっちりホールドされている、あのイメージに近い。

他には事前に使いたい筋肉に刺激が入るような筋力トレーニングを行い、その後競技の動きをするという練習をよく行っていた。走る行為は循環運動で、右足を踏んでいるときは左足が上がっているなど、とにかく忙しいので意識をすることが最初は難しい。ところが、筋力トレーニングで事前に刺激を入れると、そこをいやがおうにも意識するので、狙ったところを使って走る感覚が掴みやすかった。

最後にトレーニングで後悔していることは、競技人生前半で股関節以外の末端部分は細ければ細いほどいいという考えを持っていたので、大腿四頭筋、とくに内側広筋に刺激を入れることを嫌がった。

年齢が高くなってくると着地の瞬間に少し外側広筋優位に働くようになり、結果として膝に痛みが出て、徐々にトレーニングに支障をきたすようになっていった。筋力トレーニングは予防の側面もあり、それらは若い間には想像がつかないので、経験のあるトレーナーの助言などを踏まえながらバランスよく鍛えることをお勧めする。

年齢について

アスリートにとって最も限られたリソースは時間である。私は二〇〇〇年から二〇〇八年までが代表に入っていた間で、実質八年間しか代表選手として活躍していない。この期間にどのような結果を出したかで、アスリートの評価が決まる。

いつピークを迎えるかというのはいつ最適化をはかるのかと同じ意味だ。仮に二〇歳の後半から三〇歳にかけてピークを迎える場合、それぞれの年齢でどのような取り組みをすることが望ましいか書いてみたい。

まず幼少期（六〜一〇歳）の時点で、それなりに能力があった場合に気を付けなければならないのは早すぎる最適化だろう。人間は若いときは大人と比べ、頭が大きく、体幹の筋肉がしっかりしていない。形が違えば同じ力を入れても表に現れる身体の動きは違ってくる。同じ力で振った場合短いバットであれば早く振れるが、長いバットはゆっくりになるのと同じだ。具体的には体幹が弱いので足が引きつけられず、腕の力で引き戻すことも難しいので、大人よりも足が後ろに流れ気味で体も揺さぶりながら手足を振り回す動きになる。ところがそのままの動きで上の世代に送り込めば、成長とともに体幹が強くなり、ちょうどいいフォームに収まる。

子供のときに大人と同じ動きをすると、その時期には速く走れても、大人になるにつれてうまく走れなくなるという現象が起きる。子供と大人では、見た目には同じ動きをしていても、力の入れ方が違うのだ。ある年齢でのパフォーマンスを最大化させるために体に教え込んだものが、年齢を重ねて身体や環境の条件が変わってきたときに逆に成長を阻害する要因になる。これが早すぎる最適化だ。これは動きだけではなく精神的な特性にも現れる。

年齢が若いと情報が少なく考える力も弱いので、経験豊富な指導者が全部を設計した方が競技力が向上しやすい。ところが、このような状況で育つと、本人がトレーニングの意図を理解していないまま言われたとおり行う状況が生まれる。こういう選手は大人になり指導者の元を離れると、徐々に崩れていく。これもある種の早すぎる最適化になるだろう。

私は早熟だったが、子供の頃かなりほったらかしで育てられたのと、さまざまな競技に触れて動きが固定化されにくかったので、この早すぎる最適化があまり起こらなかったように思う。また、怪我を定期的にしたのも助けになったかもしれない。種目自体も一八歳で一〇〇メートルから四〇〇メートルハードルに変えたので飽きにくかった。

二〇歳半ばを越え習熟してくる年齢で起きうる問題がある。一〇代の間だけ強い選手と、その後の競技人生の後半に向けて強い選手の違いは何か。私なりの分析では、自分の強みとトレーニングの要点を理解しているかどうかだ。年齢を重ねると回復が遅くなる。練習の質も高くなり一回の練習のダメージが大きくなる。回復が遅くなり、かつ練習のダメージが大きくなるということはリカバリーに時間がかかるようになる。リカバリーに時間がかかるということは、休みをとるために練習量を減らさざるを得なくなる。つまり、年齢を重ねても伸び続けるためには、限られた練習量の中で、より質の高い練習をする必要がある。質は本質的で重要なトレーニングを集中して行えるかどうかにかかっている。

学生の選手が就職して練習時間が短くなると、逆に強くなる現象が知られている。学生時代は時間があるから練習を詰め込んでしまうが、就職すると時間がなくなるので重要な練習だけを選ぶように意識し始めるからだ。

人間は限界が設定されて初めて何を入れて何を省こうか考え始める。それはつまり優先順位をつけるということだが、基準のない優先順位はないから、優先順位をつける前に何が基準なのかを考えざるを得ない。基準を決めるためには、競技の特性と、自分の強みと戦略がわかっていなければならない。ひっくり返すとそれがわかっていない人間は練習に優先順位がつけられないために、無駄な練習を行ってしまう。イメージで言えば幹と枝葉があり、幹が何かを考えたことがない人間は枝葉と幹を混ぜるので練習効率が落ちてしまう。

また、大人になるとどこかに痛みを抱えていることが多く、それによってできない練習が出てくる。そのできない練習が重要であれば痛みが出ない方法で代用しなければならないが、代用するときにその練習の本質がわかっていないと代用の練習が違う効果を生んでしまう。料理に慣れた人は、冷蔵庫の中にあるもので代用してしまうが、それは食べ物の味や食感の本質を理解しているからだ。

一体自分はこの競技をどのように捉えていて、勝負の要諦は何と考えているのかを整理することが質の高い練習にとっては重要だ。参考までに私が考えたことを羅列してみる。

1　走る競技はすべて胴体をゴールまで運ぶ競技である。四〇〇メートルハードルの場合ハードルが一〇個プラスされる。ハードルは跳び上がるために少しブレーキをかける。一〇台のハードルを跳ぶ際のブレーキを最小にすることが大事。

2　ブレーキは踏み切る瞬間に決まっている。最もブレーキが少ないのはハードルに対し適切な距離で踏み切ったとき。空中動作はそれほど差はない。踏み切り位置はハードルの二〇メートルほど手前から影響を受けている。四〇〇メートルハードルの要はハードル間の歩幅の調整。

3　四〇〇メートル競走のスピード＋ハードル間の歩幅調整技術が四〇〇メートルハードル。

4　練習は七割走力、三割技術。技術練習はハードルを跳ぶ行為ではなく歩幅調整が大事なので、スピードを変えず歩幅を調整する練習を行う。適切な距離で踏み切ればだいたいうまくいくので実際にハードル上での技術練習はあまり必要ない。

もちろん違う見方をする選手もいると思うが、こうした目的と手段の整理が行われると練習の効率が上がる。年齢が上になってくると、グラウンドの上よりもむしろ知識と思考量で差がついていくと私は考えている。

大雑把にまとめると、幼少期にはなるべくさまざまな体験をし、早すぎる適応や競技特化型の適応を避け、なるべくたくさん引き出しをつくっておく。成熟してからは、狙うべき競技を絞り込み要点を絞り、自分の特徴を整理し、適応させにいく。幅を広めにとって徐々に当たりをつけて最後にそこに一点投下する。

私が子供時代にいろいろな経験をしてほしいと言っているのは、人生で多様な体験をすることが、何に自分が向いているか努力をどこに割り振るかの勘を得るために重要になると感じているからだ。パフォーマンスが上がるということは適応するということであり、適応するということは若干でも癖づけるということでもある。どのタイミングで最適化するかが競技者にとってはとても重要だ。

妄信

競技者にとって、何かを信じ込むということは強さでもある。一方で、信じ込んでいるときに人は客観的になれないから、そのままブレーキが壊れた車のようにあらぬ方向に突っ走ってしまうこともある。この信じ込む強さと盲信している危うさの境目はどこにあるのだろうか。

私も一つのトレーニング理論に傾倒したことがある。このように何かに傾倒し、盲信してしまう状態に入ったとき、選手の心理はどうなるのか。当時考えていたことを整理すると以下のようなものだった。

・私はついに真実を知った。なぜそれが真実かと言えば、どう考えても真実だからだ。
※実際には考えていない。

・どこのどのような情報を切り取ってきてもこの練習が正しいとかしか思えない。
※実際には情報の選別に偏りがある。
・この練習は正しいので、理解できない人たちは理解する気がないか理解力がない。だから、耳を貸してはならない。
※実際には人の意見が耳に入らなくなっている。

私はこの後に調子を崩したが、これはそのトレーニング理論自体の問題というよりも私自身の問題が大きかったと思っている。私自身がこのトレーニングですべては説明できるし、これさえやっていればうまくいくはずだと、自分の考えを明け渡してその理論に傾倒しすぎてしまったからだ。本来の走りを全部書き換えてしまったのだ。

信じているものを何かと比較して相対的に見られているなら問題は起きにくいが、若い選手や狭い世界で生きているアスリートは比較する対象を持ち合わせていないために盲信しやすい。

このあと一、二年経ったある日、自分でも驚くほど冷静になって元の練習に戻った。この経験から人間はいつ周りが見えず盲信し始めるのかということに強い興味を持った。スポーツの現場では適当にやっている選手が活躍したり、科学的根拠のある練習をしたはずなのに調子が悪くなったりと、何が正しいことなのかがわからなくなる。そうして答えのない状態にしばらくいると耐え切れなくなり、何でもいいからはっきりと言い切ってくれるものに助けを求めてしまいがちになる。当然盲信する対象がなければ人は盲信しないわけだが、盲信する側にも隙間がなければ入り込む余地はない。

選手が盲信してしまうと、驚くほど本当に何も耳に入らなくなる。自分の中ですでに結論が決まっているので、自分が信じていることを強化する情報しか耳に入らなくなる。また、盲信する人間は必ずと言っていいほど人間関係にも偏りが出るので、余計に考えが強化される。

社会的に盲信状態は良くないとされることが多いが、こと競技の場においては威力を発揮する場面がある。競技者がひたすらに集中した状態が必要な場面だ。まったく何も疑わないという状態は、長期間は持たないが強いのだ。

たとえばオリンピックに向けて四年間突っ走るときに、指導者と選手が脇目も振らずお互いに向き合って集中すると、異様なカルトのような空気を帯びるときがある。実際のところそういった選手は強い。選手にとっては身体的な辛さよりも、いまやっていることが正しいかわからなくなる不安の方が辛い。盲信状態はその不安と考えることを全部取り除いてくれるから、後はひたすらに信じて突っ走るというシンプルな状態に選手を置く。だから機能するのだろう。

ただ、長期で見るとそういった師弟関係は破綻することが多く、また仮にそうではなくても引退した後に選手が行き場を失って人生を彷徨うということが起きる。確かに短期的には盲信は有効かもしれないが、長い人生を考えると選手を不幸にするので、やはり避けた方がいいだろう思っている。

信じることは強さだが盲信は危うい。では一体どの程度のバランスをとればいいのか。

私は自分の反省から、本を読むようになった。無知は独善だ。知識を得て相対的にものごとを見て、かつ比較しながら選べるようになると盲信状態に入りにくいと思い、なるべく多読するようになった。また、それだけであればものごとに客観的になり過ぎて競技者として突っ走れなくなるような気がしたので、トレーニングにおいては一年間は大きなコンセプトを変えないようにした。また、何も考えずに走るトレーニングと、考えながらあれこれ工夫してトレーニングする日を分けた。ちょうどいいバランスがとれないのなら、分けてしまえというわけだ。

いろいろやった結果、一番良くないのは両方を同時に出そうとするときで、これはどっちつかずになって極められない。あるときは振り切って信じて突っ走り、あるときふと我に返り客観的に分析する。これらが振り子のように機能するとちょうどよかった。

量と質について

パフォーマンスを高めるのは量か質か。これはスポーツ界の永遠の問いである。もし効果があること＝質が高いという定義にすれば、量の過多は対立軸にはならない。ここではわかりやすくするために質の定義を、「時間あたりの負荷が強く練習時間が短いこと」、量の定義を「時間あたりの負荷が弱く練習時間が長いこと」として論じてみる。

量が正しいか質が正しいかは、結果に対しどちらがより貢献するかで決まる。結果は勝利条件によって決まるものだ。勝利条件が記録を出すことであれば、記録をより高めることと、自分を成長させることが勝利条件なら自分を成長させることへの貢献度合いが問題になる。

教育的なものを勝利条件に設定してみよう。この場合は、勝利に貢献するかどうかよりも人間としての成長に貢献する方法が優先される。たとえばＧＲＩＴ《グリット》（やり抜く力）と言われる非認知能力は、何かに対して長期間取り組むことで鍛えられると言われている。このような能力向上を目的とする場合、競技成績を出すことよりも目標を持ち、身体的に精神的に負荷がかかることを継続すること自体が重要になるので量が重視されがちだ。一方、プロの場合の勝利条件は競技成績以外の何物でもない。その場合、ある年齢以上であれば質が重視されるだろう。何を目指してスポーツを行っているのかによってベストとされる量と質のバランスは変わる。

中学生や高校生は技術的に未熟なので練習でかけられる負荷が小さい。だから高校生を短期間で強くしようと思えばどうしても量に頼らざるを得なくなる。

一方で大人になると、高校生の頃についたたくさん走る癖が弊害となる。時間あたりでの負荷を高め、質を上げなければならない競技人生後半に量で追い込む癖が抜けきれず伸び止まるからだ。私は日本の高校生年代は世界に通用するのに、二〇歳以降のシニアになって通用しにくくなるのは、量で成長を求める癖が高校時代についてしまいそこから脱却できないことの影響だと考えている。また量を走れば、関節が磨耗して、引退が早まる。私も二〇代前半に相当走ったが、あれがなければもう少し現役が伸ばせたし、いまも続く左膝の痛みが出なかった可能性もある。競技人生が五、六年程度であれば走りまくっても問題はないと思うが、一〇年以上走ろうと思うなら競技人生前半でそれなりに量をセーブしておく必要がある。

量の最大の効果は均質化だろう。お手本を見ながら何度も字を書くことを繰り返せば誰でもそれなりに字が上手になる。陸上であれば技術の精度を高めるために反復を続ければ精度が高まる。一方で、量の最大の弊害も均質化だ。トレーニングの原則で、何度も何度も繰り返せば、何度も何度も繰り返すことに体が適応してしまう。一本五〇メートルを全力で走るときと、五〇本五〇メートルを全力で走るときでは力の出方はまるで違う。量を積めばいつでも均質で同じような力が出るようになるが、それは本番の爆発力を失うことでもある。

質のメリットは実戦に近いので、そのままパフォーマンスの向上に役立つことだろう。デメリットは質の向上は技術によって支えられているので、技術が高まらなければいつまで経っても質が上げられないことだろう。技術的に未熟な選手がトップ選手の真似をすると、多くは練習不足に陥る。熟達者は自分が持っている力の九五パーセント程度を出しきれるが、未熟者は技術がないのでいくら全力を出そうとしても七〇パーセントしか出せない。量は誰でも限界までいけるが、質はそれなりに技術が高い人間にしか限界に到達できない。

量か質かどちらかを選ぶのではなく、フェーズによって分けた方がいいだろう。質が重要だとしても、まず量を行い動きの精度を高めたからこそ質が高められるということはありえる。また量を行うことで心理的な限界値が広がり、その後のトレーニングを楽に行えるようになることもありえる。実感としても根性にはそれなりに技術があって、たとえば苦しいときに数字をカウントダウンするなどして意識をずらすと感覚的には少し限界値を先に伸ばすことができる。こういった技術を量をこなすことで体得している可能性はあるので、量を追うことは人生のある時期に必要なことなのかもしれない。

私の分析では日本のスポーツは量の文化だ。積み上げ式でものごとを考える傾向にあるので、練習も必要なものを積み上げていくことが多く、徐々に種類が増え練習量が増えていく。また、成果よりも疲労感や時間を練習の尺度として捉える癖があるので、どうしても苦しさをわかりやすく感じられる量が増えがちになる。量を積む文化では、何度も動きを繰り返し、精度を高めることが可能なために、細かい技術が必要とされる競技が強くなりやすい。一方、一回の出力を高める競技は、量を繰り返すことで力の均質化が起き、爆発力がなくなるだろう。

質の練習は結局技術の向上と、何が重要で何が重要ではないのかの取捨選択によって成否が決まる。自分はどんな勝利条件で競っていて、何が強みなのかが理解できていない人間にとっては質の定義は難しい。あれもこれも必要となると、結局量に頼らざるを得ない。

PART

Ⅳ

「勝利」を もたらすもの

勝利の前

勝敗は最後までわからないといわれるが、実際には誰が勝ちそうかは試合が進めば進むほど予想がつく。とくに陸上競技は熟達してくると、練習のタイムで調子がわかるようになるから、試合前に試合の結果が六、七割わかるようになる。そうなるとある程度勝利を予想して挑む試合も出てくる。またレース中に勝利をほぼ確信する状況が出てくる。

この「勝てそうな状況」をどういった心理状態で望むかはとても重要だ。実際に「勝てそう」と思った瞬間に勝利が手からこぼれ落ちることがよくあるからだ。勝ちたいという状況よりも、勝てそうだという状況の方が自分の心を扱うという点では難易度が高い。とくに勝利を目前とした状況で勝利を逃すという経験をすると、その記憶が影響し、勝利の直前でどうせまた自分はこれを取り逃がすのではないかと自分で自分を疑うようになる。このような失敗が繰り返されると、勝てそうな状況になればなるほど失敗をイメージして怖くなるという反応が起き始める。

たとえば、五輪の選考試合がある。勝てば儲けものだという挑戦者側は思い切って狙いに行くことができる。ところが代表入りがほぼ確実視されている選手であれば、失敗のないように安全に走りたいという気持ちが湧き出てくる。そんな守りの気持ちではいけない、思いっきりやるぞと自分に言い聞かせるが、心の奥底では手に入りそうな勝利を確実にものにしたいという気持ちが消せない。この守りの心が、人の動きを萎縮させる。番狂わせはこうして起きる。

人は誰かを追いかけている間はあれこれ考えなくていい。目の前に人が走っていればその人を追い抜こうというわかりやすい目標がある。ところが、自分が先頭に出た途端わかりやすい目標はなくなる。勝つことを目標としていた場合は、自分が勝つ側に立った途端目指す対象がなくなる。矛盾するようだが、勝利以上の目標を持つ人間は勝利への執着が小さいので、勝利の前で混乱することが少ない。勝利以上の理由が必要とされる所以でもある。

不思議なもので、人間は、手に入れるためには思い切ってリスクをとれても、手に入っているものを守るためのリスクはとりたくないと思ってしまう。勝ちを意識した途端、まだ勝利は手に入っていないにもかかわらず、人はそれを守ろうとする。守りの心になると、人の動きは縮こまり、急に勢いがなくなる。守りの心のとき、少しでも相手に押され始めると実際にはまだ逆転されていなくても、人の心はゆらぎ始め、迷いが生じる。迷いは躊躇を生み、躊躇が命取りになる。躊躇とは実行に対するためらいであり、目標に対してのゆらぎでもある。躊躇するとき、選手のパフォーマンスは下がる。

困るのは、一度守りの心理に入った後はかなりの損失が出てからでないと吹っ切れないということだ。スポーツにおいて大きな損失が出たということはほぼ勝利は不可能な位置まで順位が下がったことを意味する。

熟達者にはあまりないことだが、慢心という落とし穴もある。勝てそうだと安心して集中を切らしたり努力を怠ったりすることだ。多くの人間は集中そのものが目的ではなく、何かを手に入れるために集中している。そうなると何かが手に入りそうになった状況では、もう集中は余計なものに感じられる。タイムを一切気にせず、勝利を目的としているマラソンランナーがぶっちぎりの先頭でスタジアムに帰ってきて、ラストスパートをすることは余計な努力に見える。しかし実際には試合が終わるまでは相手は生きていて常に勝利を狙っている。

勝利を目前にした選手にとって一番いいのは、自分が勝ちそうであることに気付かないことだが、それはなかなか難しい。もう少しで勝ちそうだと気付いたときには、意識的に目の前で起きているできごとに集中し、淡々とプレーを続けた方がいい。この「淡々と行う」ということがとても重要で、リズムも心もとにかく平常どおりで行う。大事なことは、未来について期待を抱かず、願望しないことだ。ただいま目の前で起きていること、これから相手がやってきそうなことだけに集中して対処する。一番良くないのは早く試合が終わってほしいと願うことだ。この弱さが相手に突かれる。試合は終わるものであって終わらせるものではない。

現役時代、プレッシャーがかかる試合は、勝てるかどうか微妙な試合よりも、ほぼ勝てるだろうと言われていた試合だった。試合前に声をかけられて一番苦しかったのは、「今日は勝てるでしょ」という言葉だった。だから勝てそうな状況のときは、意識的に視界を限定していた。フードをかぶるなどして、本当に自分が見ているものを目の前だけに絞るのだ。こうすると、外部からの情報も入らず、集中できた。

勝利直前にどのような心理状態でいられるかは選手の実力に大きく影響する。勝利の直前は、自分の心の弱さが現れやすい。

目標設定

目標設定の質を高めることで競技力向上を後押しすることができる。裏を返せば、目標設定の質が悪いために競技力が向上しないこともある。では目標設定の質とは何で決まるのか。

まず目標は達成した場合に勝利条件に近づくように設定されなければならない。当たり前に聞こえるが、本来目指すべき勝利条件からずれているものが目標に置かれることが実際にある。このような目標設定をしてしまうと、頑張れば頑張るほどむしろ勝利が遠ざかるということが起こる。

たとえば、オリンピックに出ることが勝利条件の陸上選手が、仲間としっかりコミュニケーションをとることを目標にする。仲間とコミュニケーションをとって、良いチームをつくれることは人生において素晴らしいことではあるが、それは直接的に自分の競技力を上げて五輪に近づけてはくれない。目標は勝利条件に向けた直線の上に置かれなければならない。目標が持っている要素には、難易度と状態と期間がある。以下、私が気を付けていた点だ。

・難易度　どの程度難しいことか。私にとっては一〇回やって、五～七回ぐらいは成功するくらいの難易度がちょうどよかった

・状態　具体的にどのような状態を目指すのか。具体的であるほど望ましい

・期間　いつそれを達成するのか（どの試合を目指すのか）

悪い目標の典型は、「今シーズンは絶対諦めないで走る」といったものだ。これは気持ちの表明でしかない。中学生程度であれば気持ちの表明でもいいが、このような達成されたのかどうかすら評価できない目標はトップを目指す選手には気分を高揚させる効果しかない。

目標設定をよく観察していると二種類あることがわかる。一つは、ターゲットとしての目標、もう一つはそのぐらいの意気込みでやりますという願望としての目標だ。

ターゲットとしての目標はそれを達成するために設定される。この目標は具体的に達成を目指しているものなので試合後に必ず振り返る。なぜうまくいったのか、なぜうまくいかなかったのか。どこに原因があったのか。それは防げたのか防げなかったのか。予想と違っていたことは何なのか。次回以降どうすればいいのかなどだ。

達成できるものを目標にしている以上、できない場合、必ず原因があるはずだと考えなければならない。ここで重要なのは仮にうまくいっても振り返り分析しておくことだ。目標からずれたという点では、上振れも下振れと変わらない。電車が五分遅くきても、五分早くきても、時間がずれたという点では変わらないのと同じだ。

一方、願望としての目標はほとんど達成されることがない。たとえばチームスポーツで世界一やベスト四という目標があり、それが達成されなくても誰も気にしないことがあるが、これはターゲットというよりもそのぐらいの意気込みで頑張りますということだろうという世間の認識があるからだ。願望としての目標は達成できなかったとき、原因を探してみても、そもそもの目標が高過ぎたからということにしかならない。モチベーションにも技術にもばらつきがある若年層では、高めの目標が達成されてしまうことがときどき起こるが大人の世界ではほとんど起こらない。このような奇跡の物語は人を感動させるので社会で共有されやすいが、実際にはきわめて珍しい事例なので、間違えてもよく起こることだと勘違いしてはならない。

ターゲットとしての具体的な目標と願望の違いをわかってやっていれば（つまり願望を目標として宣言しながら、実際の戦略や戦術はターゲットとしての具体的な目標に照準を合わせている）問題は起きないが、願望としての目標と具体的な目標の違いがわからなくなると、戦略上大変な歪みが生じることになる。

戦略とは現在持っているリソースと、敵を分析したうえで生まれるものだが、願望としての目標は現状から出発しておらずこうであったらいいなというものなので、自分のリソースについても敵についても乖離が大きい。そこから戦略を立てれば当然たくさん矛盾が生まれる。目標達成のためのリソースが足りなくなるのだ。多くの場合、この足りないリソースを「気持ち」や「精神」のような測定不可能なもので埋めようとするが、埋まった例は私が知る限りほとんどない。

戦略が破綻していることにチームが慣れていくと、本当のことよりも信じたいことを重要視していくので、都合の悪い情報を遮断し始める。そして、情報収集も、本質的な議論も行われなくなっていく。私は日本的根性論とは、この願望の目標とターゲットとしての目標の違いがわからなくなり、空気とノリで戦略が決まってしまった状態から生まれると考えている。

目標設定と言うと必ず計画という話が出てくるが、計画を詳細に決めることが良いとも限らない。計画を立てない選手は長期的視点が欠如しがちだが、一方で計画がなければ自由度が大きく日々のトレーニングであれこれ試すので、学びを得やすい。私自身もおおざっぱに世界の三番以内を目指しながら、計画にあまりこだわらず、毎日思いついたことを試行錯誤していた。

このような選手は中期目標がなく、長期目標と、短期の目標だけで十分かと思う。

良い目標はちょうど良い距離感で引っ張る磁石に似ている。引き寄せられるようにそこに向かう力を生み出してくれる。遠過ぎれば磁力が及ばないし、近過ぎればすぐ達成され能力がストレッチされない。そして何より目標という磁石が置かれる場所は、目指すべき勝利条件との間でなければならない。

成功体験

長く競技を行うならば、どのように成功体験を克服するかが重要になる。成功体験は人を縛る。人を過去に縛りつけ固執させる。ここでいう成功体験とは、幼少期に努力して何かに取り組んだ結果、うまくいって自信を得る、といった類のものではなく、大人になってから得た成功のことを指す。私の競技人生を振り返ってみて、大きな落とし穴にはまってしまったとき、元々の原因は昔の成功の瞬間にあったと思わされることが多かった。

成功がもたらす害悪は三つある。成功体験とはつまり記憶であり、成功体験への対処とは記憶への対処になる。

1　原因をわからなくする
2　変われなくなる
3　世間に賞賛される味を覚える

以下、一つひとつ説明してみる。

原因をわからなくする

スポーツにおいて結果というのはあまりにも強力で、結果さえ出してしまえばすべては肯定される。言い換えると、いい結果はそこに至るプロセスを過剰に正当化する。実際にはいい結果が出たときにも、間違えたこともやっている。また、成功の原因はだいたい複雑で、何か一つを特定することはできない。しかし、結果を出すと周囲も細部にまで言及しないので、曖昧な要因分析でも流されやすく、結果と関係のないものまでが成功の理由だったと選手は誤学習してしまう。

一方、負けた方は必死にこちらを分析する。勝利したチームと敗北したチームでは分析への執着心が違う。分析の精度は疑いの強さによって決まる。勝利したチームは疑いを持つことが難しく、結果分析の精度が悪くなる。成功体験は、この分析への執着心をパーティーの喧騒の中で濁してしまう。こうして、勝利したチームは次回以降誤学習した成功の要因を信じ込んでそれを重視し、いずれ敗北したチームに追いつかれる。

変われなくなる

成功体験はとても強いので、成功するまでに取り組んだこと、そのときにやっていたことが自分にしっかりと焼きつけられる。これまでやってきたことは間違えではない、自分がやってきたことは正しかったのだと。しかし、ライバルも自分もさらには環境もすべては常に移ろいゆく。何かが変われば「あのとき通用した成功パターン」は、いつしか通用しなくなり、新しいやり方への変更を迫られる。またライバルもこちらを分析してくるのでそれによっても有効な戦い方は常に変化する。つまり変わり続けるしか勝ち続ける方法はない。しかし、成功体験を持った選手はこの変化に鈍感になる。なぜならば自分は成功の法則を見つけたと、勝利の瞬間に確信してしまっているからだ。

これをわかったとしても、防ぐのは容易ではない。仮に自覚していても抵抗しがたいものがある。私自身、一度メダルを取ってスランプになった後、新しい自分に変わらなければならないといつも思っていた。けれども新しいことにトライして少しでもうまくいかなくなるとまた前のやり方に戻ろうとしてしまった。古い手法は少なくとも慣れているし予想がつく。新しい手法は予想がつかないのでどうなるかわからない。人間は予想がつくものを好む傾向があり、なまじこうすればうまくいくという記憶を持ってしまっている人間はそのやり方に固執する。
変われないことは例外なく衰退を招く。成功体験はある瞬間の自分を正当化してしまい、人を過去に縛りつける。

世間に賞賛される味を覚える

世間は成功を褒め称える。褒められれば悪い気はしない。世間の賞賛は強い報酬になるから一度成功してこれを記憶してしまうと、また欲するようになり、賞賛してくれる世間の期待に応えようとする。ところが、世の中には情報が溢れており、どんな人気者にも飽き、どんなショッキングなニュースにも慣れる。選手が同じ成果を出し続けても（これがいかに大変なことか）次第に世間は反応しなくなっていく。そんな世間を振り向かせようと必死になればなるほど、自分らしいやり方との乖離が生まれていく。

成功する前は注目もされていないので、周囲にまどわされることなく自分のやり方を貫くことができるが、成功してからは常に世間の期待が耳に入ってくる。成功体験を何度も繰り返した選手は、世間が盛り上がっても自分だけ冷めておくことができるが、最初の喧騒には多くの選手が巻き込まれてしまう。そして、そのとき覚えた世間の賞賛の味が忘れられなくなり、自分の競技をしているようで世間に振り回されながら漂っている選手も多くいる。

成功体験はただの記憶に過ぎない。ただ、この記憶は強烈な慢心を自らに刻み込んでしまう。コツは淡々と成功を受け取り、執着しないことだ。

勝利条件と戦略

スポーツの勝敗は現場で決まっているように見えるが、実際にはその前の戦略で勝負が決まっている。一番大きな視点で見た戦略とは「戦う場所」と言ってもいいかもしれない。どんなに才能があっても選ぶスポーツを間違えると活躍できない。以下は私の理解での用語の整理だ。

・勝利条件……何を重要とするかの価値観
・目標……勝利条件の上にある具体的なターゲット
・戦略……ターゲットを狙う方法

戦略での失敗は現場では覆せない。目標設定を間違えると、そもそも違うところに選手を連れていってしまう。勝利条件をわかりやすい例で説明すると、高校野球における松井秀喜選手の敬遠だ。

一九九二年夏の甲子園で、明徳義塾高等学校の河野和洋投手が、星稜高等学校の四番打者、松井選手を五打席連続で敬遠した。結局明徳は勝利したが、この連続敬遠は大きな議論を呼ぶことになった。これが戦略として正しかったかどうかは勝利条件で決まる。つまり、勝利条件が純粋な勝利の追求だったのか、それとも甲子園の文脈に則ったうえで(ルールに書かれていない紳士協定など)の勝利の追求だったのかによって評価が違う。勝利条件が定まっていないと、結果に対する評価がブレる。

戦略が現場では覆せないことを示す例をもう一つ示すと、男子日本代表の四×一〇〇メートルリレーだ。二〇〇八年に北京オリンピックでメダルをとってから、日本はいまや決勝戦の常連のようになってきた。分岐点は二〇〇〇年にアンダーハンドパスという当時主流ではないバトンパスを採用したところだったと思う。これにより、日本は技術を向上させて常連国になった。もしオーバーハンドパスを採用していたら結果は違っただろう。つまりバトンパスを洗練させるという下位での活動が活きるかどうかは、もっと上位の戦略で決まってくる。間違えた戦略のうえで現場が頑張ると間違えたと思ったときにむしろ変更しにくくなる。

勝利条件は、言い換えれば選手個人の価値観やヴィジョンになる。自分はどんな競技人生を送りたいか。何を成し遂げたいのか。これを言語化したものが勝利条件だ。私は高校時代に一〇〇メートルから四〇〇メートルハードルに移ったときに、ノートで両者を比較した。いろいろと書き連ねたが最終的には、勝ち目は薄いが種目として好きな一〇〇メートルか、好きではないが勝ち目がある四〇〇メートルハードルか、どちらを選ぶかという問いに行き着いた。それはつまり、好きなことを追求するという勝利条件か、世界でより高いところに行くという勝利条件かの違いだったと思う。私は後者を選んだ。まとめると、

・勝利条件……世界でなるべく高いところに行く

・目標……四〇〇メートルハードルでメダルをとる

・戦略……世界一のハードル技術とレースマネジメントを手に入れる。具体的には四〇〇メートルと四〇〇メートルハードルのタイム差異の最小化

当時は意識していなかったがこのように勝利条件から落とし込んで考えられたことが、ずいぶん私の競技人生の選択を楽にしてくれたと思う。すべての選択をそれは世界の頂点

に近づけるのかという一点で評価をすればよくなったからだ。ヨーロッパに挑戦するのも、プロになるのも世界に近づけるのかという点だけで判断すればよく、うまく行ったかどうかも世界に近づけたかどうかだけで判断すればよかった。

本書の内容は、世界の頂点に近づくことが勝利条件として設定されている。だから、楽しくやりたい人や、国内で戦いたい人、勝利以上の何かを重視したい人は、合わないアドバイスも多いと思う。目標も、戦略も、戦術もすべては勝利条件によって規定される。

勝利条件から具体策まで落とし込んでいく考え方は、残酷な側面も孕む。たとえば、もし私が一〇〇メートルという種目でこの勝利条件を設定していたら、途中でこれでは無理だと判断していただろう。つまり、一〇〇メートルで世界の頂点に立つことを目指したら、引退時期が相当早まったと思う。勝利条件はすべてに優先されるからこのようなことが起こる。戦略とは勝利条件という判断軸によって決められた目標のために、具体的にやることを決めるということだ。それは何をやらないかを決めることでもある。

すべては勝利条件から始まっている。勝利条件とは夢であり、欲であり、ヴィジョンでもある。こと個人競技に関しては、勝利条件の設定は自分にしかできない。だから、自分が本当は何をやりたいのか、成し遂げたいのかが不明確であればそれ以下の目標や戦略もすべて不明瞭になり、評価ができなくなる。突き詰めて自問し、自分は何を勝利条件に据えるのか、言い換えれば何を優先し、何を捨てるのかがクリアになればなるほど、選択は早くシンプルになり、成功確率は高くなる。

ピーキングについて

年間を通してリーグ戦を行う種目と違い、陸上競技は五輪や世界陸上など、一試合の結果が評価を分ける。このような一年に一度の試合での成果が重要な競技には、本番にピークを合わせるピーキングと呼ばれる技術がある。

私で言えば一カ月前まで同じタイムだったとしても、ピーキングがうまくいったときは本番で四八秒〇〇周辺、うまくいかなければ本番で四八秒四〇周辺の違いがあったと思っている。この二つの間にはメダルがとれるタイムと、準決勝で落ちるぐらいの差がある。競技レベルが上がれば上がるほど、選手同士の競技力の差が小さくなるのでピーキングは重要な技術になる。

ピーキングの原理はどうなっているのか。人体には与えられた刺激に対し、適応しようとする性質がある。長い距離を走れば長い距離を走ることに適応し、重たいものを持ち上げれば重たいものを持ち上げることに適応する。強い練習をした後は一時的に疲労しパフォーマンスが落ちるが、その後リバウンドし練習する前よりも適応する。つまり前よりも速く動けるようになる。筋トレを行うと筋肉が太くなるのも同じ原理だ。ピーキングとはこの練習と回復のゆらぎを利用して試合の瞬間に最も競技に適応した状態をつくり出す技術である。

一方でたった一つの要素で構成されているほどスポーツはシンプルではない。ハードルで言えば、速く走れる能力、一定時間速度を維持する能力、ハードル技術などがある。だからピーキングのプロセスでどこにいつどんな練習を入れるのかによって結果は変わってくる。また、ピーキングには当然精神面も含まれていて試合が続けば精神は疲弊する。本番で心身ともにフレッシュな状態で挑めなければ力は出しきれない。

競技によってピーキングのやり方はだいぶ変わってくる。陸上競技は着地の瞬間の衝撃がある競技なので一回のレースのダメージが大きい。だからピーキングのプロセスでは回復のために休養を増やし、ゆらぎを大きくせざるを得ない。

一方で、水泳などの着地のインパクトがない競技は主観的には辛くても身体へのダメージがそれほど大きくなく（おそらく選手が複数メダルを取れるのもこの競技特性のため）かつ有酸素能力が重要なので試合前まで練習を続けている。陸上でも有酸素系の長距離は基本的に休養が少ない。技術系競技は繊細さから感覚がわからなくなる時間を置きたくないだろうし、チーム競技はチームプレイがあるのでそれを前提に考えると思う。このように各競技特性により、ピークパフォーマンスの定義が違うのでピーキングの考え方も違う。

走りは能動的に筋肉を動かしているわけではなく、着地の瞬間に筋肉を固めることで足がゴムのようになり、反発して走る。よく選手が試合前にちょうどいい張りがあるといいと言うが、これは張りがあることにより反発が良くなるからだ。反対に筋肉が緩みすぎているとこの反発が起こらないので、バネがない状態になってしまい速く走れない。マッサージを嫌がる選手がときどきいるが、このちょうどいい筋肉の張りがなくなってしまうことを恐れているからだ。また、張りがあり過ぎてもそれはそれで古びたゴムのようなものでうまく反発できないし怪我の恐れもある。私にとってのピーキングの鍵となる部分は、筋肉の張力の調整だった。良い状態の筋肉は、張りがある硬いゴムのような状態だった。

ではどのようなトレーニングを行えば筋肉に張りが出るのか。広義でのピーキングは一年単位で行われる。一年間で言えばだいたい以下のような分類だった。

一〇～一月　トレーニング期
二～四月　移行期
五～八月　シーズン

九月　休み

とくに重要だったのはトレーニング期で、ここでしっかりとトレーニングが詰めていれば後は調整をするだけだった。反対に言うとトレーニング期がしっかり走れていないと、練習をしながら調整をするという二つのことをやらざるを得なくなり、うまくいかないことが多かった。刀の研ぎで言えば、何度も叩いて折り返し厚みがあり硬さがある刀の身をトレーニング期につくっておき、強度を保ったまま夏に向けて研ぎ澄ませるようなイメージだ。冬に厚みをつくれないと研いだときに頼りない刀身のようになって切れ味が出なかった。

私のピーキングの手法の原型は高野進さんから伝授されたものだ。重要なのは試合の二、三週間前の走り込み（だいたい合宿）でここでしっかり走れると、後はほとんど何もしなくてよかった。この時期にうまく練習できなかった場合は、試合もほとんどだめだった。

基本的には試合から離れている日程ほど、長めの距離を重要視し、試合が近づくほどスピードと技術を重要視していた。

振り返って、人生で最も失敗したのは二〇〇四年のアテネ五輪の一一日前の練習だった。

二五〇メートル＋一五〇メートルという練習を予定していたが、ほんの少しだけ疲れが残っていた。当日ウォームアップを終え、練習をする本当に直前までメニューを行うかどうか迷ったが、メニューどおりにその練習をすることにした。それから五輪当日まで結局疲れが抜けきらず、本番の準決勝で〇秒〇一差で落ちた。そしてその二日後（決勝当日！）にすごく調子がよくなってしまい悔やんだのを覚えている。反対に二〇〇五年のヘルシンキの世界陸上では筋肉に力が入らないのが疲れか、練習不足かどちらかわからず迷ったが、強い練習を一〇日前に入れることにした。これにより筋肉に張りが生まれ、調子が上向いていき、本番ではメダルを獲得した。私の世界大会代表経験は七回なので、七回しか試せる機会がないという点でもピーキングは本当に難しかった。

ピーキングのセンスは練習を加えて自分の体がどのように変化するかを日常からよく観察することで磨かれる。速く走れば翌日どうなるか、また二日後どうなるのか。長い距離を走ればどのような疲労感を抱え、どう回復していくのか。いつ何を食べれば、回復しやすいのか。このような試行錯誤で自分の身体の反応を理解し、ピーキングがうまくなっていく。だからピーキングが下手な選手の特徴は決められた同じことを繰り返すルーティーン型の選手だ。人間は年齢とともに回復のペースが変わり、そうなるとピーキングの手法も変わるのだが、ワンパターンの選手は試行錯誤が少なすぎるのでそれについていけなくなる。

陸上競技におけるピーキングは逆算の技術である。また自らの身体反応の法則を理解することでもある。本番でのあるべき姿から逆算し、いったい一年前にどのようなトレーニングをするべきで、一週間前にはどのような練習をするべきかを、日々新しい変化がある中でうまく誘導していく技術のことだ。過去の蓄積がいまの自分を形成している。それがわかれば、いま何をすれば未来の自分をつくれるのかがわかるようになる。

ゾーンについて

アスリートなどパフォーマンスをする人が強く集中した状態に入ることがあるが、これはゾーンと呼ばれている。実際のところはゾーンの科学的な検証はなされていないので、その正体はよくわかっていない。

アスリートはよく記憶の後付け再構成をするから、もしかしてただパフォーマンスが高かったときに高揚して自分の体験を美化しているのかもしれない。禅の僧侶が坐禅の最中に自分と外界との境界線が曖昧になる体験をするが、これはゾーンが近いのではないかと私は考えている。ゾーンは科学的に観測することが相当に難しいらしく、いまはゲームをしている状態のプロゲーマーはゾーン状態に近いのではないかという仮説に基づいて、ゲームをしている状態の脳波をとることも行われているらしい。ここでは、ゾーンは勘違いではなく、少なくとも選手の主観の中には実際に存在するのではないかという前提で話を進める。

ゾーン体験は昔から語られていて、古くは、オイゲン・ヘイゲルの『弓と禅』や荘子の「胡蝶の夢」での主体の曖昧さ（自分が弓を打っているのか弓が自分に打たせているのか、自分が蝶の夢を見ているのか、蝶が自分の夢を見ているのか）、または、世阿弥の能楽論で語られる「離見の見」（演じる自分と観察する自分の分離）などがあげられる。

ゾーン体験の言語化としては、球技系の競技では上から見ているようだったとか、球が止まって見えたとか、仲間が息を吸ったのがわかったとか、格闘技では相手が次に何をするかがわかっていて戦っていた、などがある。思うに、他者に評価をゆだねるような演技系競技では、自己の分離が起きやすく、タイムを追うような陸上型では自意識が曖昧になりやすく、球技系は全体把握や仲間との連携、格闘技では相手の心が読める、などが起きやすいのではないかと思っている。競技特性によってゾーン体験が違うのは興味深い。

ゾーンにどうやれば入れますかとときどき聞かれるが、準備はできても意識して入ることはできないと私は考えている。ゾーンは睡眠に近く、布団に入りリラックスするところまではできても、この瞬間に意図的に寝るぞと言うことはできない。もっと言えば寝ることを忘れたときに寝ているのと同じように、ゾーンに入るときはゾーンに入ろうとしていることを忘れ、対象物に夢中になっている。ゾーンとは良い準備の結果なのだと思う。

人は何かを考えるときその対象物と距離をとる。頭で何かを思い浮かべるときに浮かべているものと観察する自分とは距離がある。対象と自分が完全に一致しているとき、それは観察しようがない。そして人間は基本的にはいつもさまざまな考えがバブルのように自分の頭の中に常時浮かんでは消えることを繰り返していて、それをコントロールはできていない。私のゾーン体験はこの距離をとって考えている自分がなくなり、自分が行為そのものになったという感覚だった。

意識のベクトルが対象に向いているときは問題ないが、意識が自分に向いたりまたは他者に向いたりしたときにゾーンは阻害される。つまり将棋で言えば将棋の盤を見てどう駒を動かそうかと試行錯誤している間はゾーンに入りやすいが、考えている自分は外からどう見えているのだろうかという外への意識や、もしこれで負けたらどうなるんだろうという考えはゾーンを阻害する。「いまここ」はゾーンを促し、過去と未来と他人は阻害すると思ってもらうといいかもしれない。ゾーンの際に我に返ってはならない。「いまここ」から離れたときにゾーンは壊される。

具体的にはどうすればゾーンに入りやすい状態をつくれるのか。まず何よりもその行為をすること自体を忘れられるようになっていなければならない。自転車に乗っていてペダルを漕ぐことに一生懸命な人間は、リラックスし風景を見渡して自転車に乗ることはできない。同じように、ドリブルに必死な人間は目の前の選手を見るどころではない。自分が行うスポーツの技術が無意識に出てくるようになっていることがゾーンに入る前提となる。その状態でさらに自分の体調が優れていなければならない。自分の体を動かすこと自体が心地よいと思えない状態では、動きのことが気になって没頭できない。

陸上でも人によって好きな準備の仕方は違う。選手によっては本番までなるべくいつもどおりにしていたいという人もいるが、私は社会と自分を切り離したかったので、試合前の儀式はトイレに行って能面のような顔をつくり、自分の世界に入ろうとしていた。人間は表情で対応を決めているので、そういった表情を一旦つくってしまうと、人は容易に近づいてこなくなる。私にとってはその表情が社会と自分を分断するためのきっかけだったように思う。

人間は顔が相手に見えていることを常に意識している。目が合えば話しかけ、表情を見て対応を決める。原始宗教でトランス状態に入る際に仮面を被る儀式は多いが、単純に精霊を模しているというよりも、その状態の方が自分ではない何者かになりやすかったのではないか。顔の情報量は多い。

うまくゾーンに入るときは、試合前の準備までは意識している自分がやって、試合の直前に自分の体を明け渡すという感じだった。違うのは、いつもより少し目線が高く風がすり抜ける感じが強いことと、それから音が小さくなり足音が大きく感じることだろうか。

私がゾーンに入っていたのではないかと思う体験は、二〇〇一世界陸上決勝、二〇〇五世界陸上決勝、それと二〇〇八日本選手権決勝の三回だ。いずれも共通しているのは強い緊張、勝って当たり前ではなく勝てたら儲けものであること（期待が高すぎない）、勝った場合になんらかの驚きを他者に与えるもの、であった。どのレースも気が付いたら三〇〇メートル地点を自分が走っていて、これはいけると最後の一踏ん張りを必死でしている印象がある。

以前、お坊さんにお話を伺ったときに、禅病なるものがあると教えてもらった。それは坐禅の最中に外界との融合体験をした後（幸福感が大きいらしい）、それを追体験することが目的化することだとおっしゃっていた。ゾーンも似たようなところがあり、ゾーンが人の興味を引きすぎるがあまり、少し一人歩きしているようなところがあると思う。あくまでパフォーマンスを高めるためにゾーンはあり、ゾーンを体験することそれ自体は目的ではない。

科学的思考

競技者には、科学的思考が必要だ。日本のスポーツに一番欠けているものかもしれない。科学的思考とはシンプルに言えば、ものごとを説明しきろうとする姿勢のことだと私は考えている。

なぜウォーミングアップをするのか。最も効率が良いウエイトトレーニングとは何か。そのような問いを立て、すでに説明がされているものであればそれを調べ、もし疑問があれば自分なりに納得のいく仮説を立て、説明を試みる姿勢のことだ。

このような科学的思考を持っているのはやはり研究者だろう。ただ競技者は研究者のように考えることは大事だが、科学者と競技者の役割の違いは理解しておかなければならない。

まだまだとは言え、昔と違い科学的に正しいトレーニングの情報が行き渡り、選手もコーチも妙な迷信に振り回されることが少なくなった。多くの疑問に科学が答えてくれていて、ある程度のレベルであれば道筋ができている。

ところが、上のレベルに行くと、途端に人が少なくなる。横を見ても過去を見てもあまり人がいない。足跡が少ないのだ。そのような世界ではN数が足りないので、統計的にこうだと言えることが少なくなってくる。わかりやすい話でいけば日本には現在三人の九秒台の選手がいるが、それぞれタイプが違いすぎてその共通点を見出すことはとても難しい。統計で行けば例外のような世界が、トップアスリートの世界だ。

この世界では科学的に証明されていない真実と、ただの迷信の違いがわかりにくい。結果として競技者は、どちらかわからないままに賭けをすることになる。昔試合前のストレッチは良いとされたが、いまはパフォーマンスが落ちる可能性が示唆されている（まだ議論されている段階ではあるが）。

研究者としてのバックグラウンドを持っている選手は、速く走りたいという思いと、自分の理論を証明したい、理解したいという思いの両方を持っていることが多い。私が研究者気質だったのでよくわかる。だが、研究者気質の選手は、とくに競技がうまくいかないときに理論の証明に自分の存在価値を見出してしまい、躍起になってしまう。誤解のないように言っておくが、研究者になるのであればこれは素晴らしいことだ。だが競技者はあくまで競技の場で結果を出すことが仕事だから、自分の体が速く走れなければいくら正しい理論にたどり着いても意味がない。競技終盤は誰にとっても正しいトレーニングの世界から、自分にしか合わない固有の特徴を活かした独自のトレーニングを始める必要が出てくる。個別の走りの世界は、余計に科学が入り込みにくい。

研究者と競技者の一番の違いは、何が科学的に正しいのかを追究するか、何が機能するのかを追求するか、だ。研究者タイプから見ると競技者タイプは思い込みやすく拙速に見える。競技者から見ると研究者タイプは検討が多く優柔不断な人に見える。実際の競技の現場はこの間にあって、理想は一人の選手の中に両方の人格がいて、適時それぞれの考え方が出てくるやり方だろう。

二五年の競技生活を終えて一つ言えることがある。それはすべてを解決してくれる魔法のようなトレーニングはないということだ。私は競技者にとっての科学的思考とは、普通にシンプルに考えるとどういうことかを徹底して行うことに尽きると思う。そしてその考えが正しいかを調べて検証する。たとえば、自分が行く学校のコーチがいいコーチかどうかを有名なオリンピック選手がいるかどうかで判断してしまいがちだが、年間何人の選手が入り、何人が自己ベストを出しているかで判断してみると違う姿が見えてくる。このように科学的に考えることで、より精度の高い選択ができるようになる。

なぜ私は銅メダルを取れたのか

私は陸上競技の四〇〇メートルハードルで銅メダルを二つ獲得しているが、この獲得に影響を与えた「後天的」要因を考えてみると以下に集約されるように思う。

自分の特性が活かされるような親と指導者と出会った

私の子供の頃の評価は、落ち着きがない、繊細というものだった。体を動かすことが好きな一方、本を読み自分の世界にふけるのが好きだった。また、何でも自分でやりたがった。夢中でやっている最中に人に話しかけられることが嫌いで、指示されることがたまらなく嫌だった。

私の親は最初のうちは勉強をしろと言うこともあったがそのうちに何も言わなくなった。学校の成績は振るわなかったが、それについて何か言うこともなかった。中学の指導者も、怒ることは大いにあったが、自由にさせてくれた。競技力が高かったから、仲間の中でも浮く可能性はあったと思うが、特別扱いをせず、みんなと一緒に駅伝に出たり行事を行ったりと、ちゃんと部活の一員としての役割も果たさせてくれた。

子供の頃から中学時代にかけて、みんなと関係を築きながら、やりたいようにやってもいいという根本的な感覚を掴んだ。この自信は競技人生後半まで多大な影響を及ぼしたと思う。

四〇〇メートルハードルに転向した

私は短距離で頭角を現したが、もともとジャンパーのような体質で、走り幅跳びでも中学時代は全国ランキングで一位になった。伸びがある走りとも言えるし、間延びした走りでもあった。高校時代になるとこの特性がマイナスに影響するようになったのか、一〇〇メートルでは勝てなくなっていく。その中で四〇〇メートルハードルに出合い、指導者の勧めもあって転向した。メダル獲得にはこれが決定的な判断だったと思う。四〇〇メートルハードル以外の競技ではメダル獲得はまずなかっただろうし、タイミングとしてもよかった。それなりにスプリントをやったのでスピードもあり、かつハードルに適応するための時間も十分にあった。

本格的にハードル練習を行ったのは一八歳の国体前、九月の頭ぐらいからだったが、最初からこれならやれるという感触を掴んだ。なぜかわからないが、ハードルにつっこむときにまったく恐怖感なく、勢いよく入れた。短距離では遠慮がちだったストライドも思い切り伸ばしてよかったので、走りながら心地よかった。

当初は陸上の花形である一〇〇メートル競走にこだわりを持っていたが、そこで勝ち続けることが厳しくなりつつあったことと、地元国体で四〇〇メートルハードルがあったこと、指導者がその競技の選手だったことなど、偶然が重なってスムーズに移行できた。

一人で海外で転戦した

海外の転戦を一人で行ったのは二二歳のときだった。それから現役時代はほぼ毎年海外に行き試合に出ていた。私はコーチがいなかったので一人で行き、一人で走り、一人で帰ってきた。この経験はとても大きかった。

とても強く覚えている瞬間がある。試合のレーン決めをする際に、ぼーっとしていたら自分が一番不利なレーンに割り振られたときのことだ。何も主張しなければ、誰も気遣ったり助けたりしてはくれない。とにかく自分で自分の道を切り開かなければと思った瞬間だった。勝つために主張し打って出て、もぎ取るんだというモードになったのはこれがきっかけだったと思う。

もう一つの収穫は、具体的に世界のトップは何が優れていて、何が弱いのかを観察できたことだった。世界を体験する中で、結局世界の四〇〇メートルハードルはレベルは高いが、スプリントに頼っていてハードルを詰め切っていないと思った。とくに海外のコーチが一一〇メートルハードルと四〇〇メートルハードルの違いをさほど気にしていないのを目の当たりにしたときに、四〇〇メートルハードルの戦略を詰め切ればやれるかもしれないという希望を得た。それからハードルごとの減速と、一台目の初速を高める練習にフォーカスして、メダルにつながったと思っている。

全体を整理すると、

・もともと身体能力に優れていたが、やや内向的でものごとへの執着心が強い人間だった
・あまり強制し過ぎず自由にやらせるという教育方針だった
・大学入学という転換点でハードルに転向した
・海外に一人で転戦し、世界を早めに体験し、隙間を見つけた

おそらくこのような条件が重ならなくても、陸上であれば何かの日本一にはなっていた可能性があると思うが、そこから世界のトップ三にまでは入れなかっただろう。こうした

「後天的」な要素の半分は自分で選べないもので、半分は自分で判断したものだったと思う。

とくに、人生の最初の段階で、人の言うことが聞けず自分でやってみるまで納得できない性格が尊重され、そのことにコンプレックスや引け目を感じることなく来たのは大きかった。これにより根本の部分で自分に自信を持つことができ、その自信が世界の最後の勝負所で効いたと思っている。本当の勝負では隠しているものが全部出てしまうからだ。

なぜ私は金メダルが取れなかったのか

なぜ私は金・銀メダルが取れなかったのか。そもそも銅メダルが能力の限界だった、という言い方もできるかもしれないが、もしもう一度競技人生をやり直すならこれを変えるということを自分なりに分析してみたい。

幼少期の水泳

私は幼少期に水泳をやっていて、そのときのキックの練習の影響なのか、足首関節が柔らかい。水泳選手ほどではないが足首関節が底屈する。先天性かもしれないと疑い、姉の走りと妹の走りを観察したことがあるが、彼女らはそれほどではなかったので、やはり水泳の影響ではないかと疑っている。

走りの動作において、足首関節が底屈することは望ましくない。高い疾走速度では足首の関節角度はほぼ一定の状態が望ましいとされ、むしろ足首関節の可動域が狭い方がよい。ところが私は足首関節の可動域がかなり広く、接地後半局面で足首が底屈し、少し足が後ろに流れてしまい最高速度を上げることを阻害していると感じていた。

中学時代の地面のキック

私たちの時代は、マック式トレーニングが流行った時代で、私も中学時代は本を読み漁り、マック式トレーニングを行った。あまり理解度が高くなかったこともあり、地面に接地する瞬間の足首のキックを妙に意識してしまいその癖がついた。また、そのキックを強くするためにカーフレイズなどのトレーニングも行った。そのせいか中学三年間で、足首を接地した瞬間と、離地局面でやや動かしてしまう癖が残った。この癖も足首の柔らかさと同じように最高速度に制限をかけたと感じている。また人生終盤のアキレス腱痛もこの影響ではないかと考えている。

世界に出るのが遅れた

私が初めて自分の意思で一人で世界に出たのは二二歳のときだったが、遅すぎたと感じている。もっと早く（一五～一八歳）世界を経験し、「当たり前」の基準を上げておくべきだった。日本の陸上界はおそらく世界一感覚を重視するが、逆に言えば本質の部分にフォーカスすることが苦手だ。世界に出て、枝葉は適当でいいと感じたと同時に、最も重要な股関節伸展や、スタートから三〇メートルまでの加速はもっとレベルを上げないといけないと感じた。競技人生の前半は日本の中だったので、それほど本質にフォーカスしなくても活躍できてしまったがゆえに、遠回りをしたと感じている。

走り込みをした（とくにミドルスピード）

私たちの時代は、走り込みが必ず必要だと考えていた世代で、とくに冬になると走り込みを多用した。これをやりすぎたことで一発で強い力を出し切ることができなくなり、九五パーセント程度の力の出し方に適応してしまったと感じている。またアスファルトの練習を避ければ膝の痛みが出るのがもう少し遅くなって、現役時代が長かったのではないかと思っている。

コーチをつけなかった

コーチというよりも、経験豊か（競技以外も含めて）で、客観的な視点でアドバイスをくれる人間と組めればよかったと思う。いわゆる技術的な指導をしてくれるようなコーチではなく、世界で勝つためにどうすればいいかという大きな視点でフィードバックをくれたり、また質問をしてくれたりする人間がいればよかった。自分で自分をコーチングするうえで二つ欠けていたものは、客観的な視点と長期的な視点だ。客観的な視点が欠けることでしなくてもいい失敗をしてしまったことがある。また、現役の最中に陸上競技から目を離してよそ見をしてしまい、集中できなかったこともあった。その経験は非常に大きな学びにはなったがもしあの時期がなければ競技成績という点ではもう少し高いところに行っていた可能性もある。

もちろん、これらがなかったとした場合また別の問題が起きている可能性があるので、思考実験のようなものだと思ってもらいたい。また、ここでの話はあくまで金メダルを取るという目的で話していて、人生において有益だったかどうかでは話をしていない。とくにコーチをつけなかった経験は私の人生には大きくプラスではあったと思う。総じて言うなら私の競技人生は、自分一人による試行錯誤の繰り返しだったがゆえに、競技を超えた普遍的な学びがあったが、もしこれを競技だけにある程度閉じていたならば、もう少し高いレベルにいけただろうと思う。

他人の失敗談ほど学びになるものはない。次世代の選手にとってなんらかの参考になれば幸いだ。

おわりに

二〇二〇年の東京五輪は延期になった。そうせざるをえなかったというのはわかる。すべての人の健康と安全が確保されなくてはならないし、世界中のアスリートや競技連盟からも延期の要望が相次いだ。

しかし、本当に大変な思いで二〇二〇年夏のオリンピックを目指していたアスリートたちにとって、「中止にならなかっただけまだよかった」などとは言っていられない状況だと思う。彼らの気持ちの行き場はどうすればいいのか。

このオリンピックに人生を懸ける思いでやってきたのに。もし自分がいまアスリートだったらと思うと表現できないぐらいの不安に襲われているだろう。自分のピークがどこまでもつだろうかという思いにとらわれている者もいるだろう。実際、何割かの選手は「この夏」がないならもう次はない。

一九四八年、戦争の傷跡がまだ癒えない頃、日本は戦争責任の名目でロンドン五輪の出場を認められなかった。非公認ながら四〇〇メートル自由形の世界記録を保持していた古橋廣之進はロンドンと遠く離れた千駄ヶ谷の神宮プールで、同日に四〇〇メートル自由形と一五〇〇メートル自由形を泳ぎ、ロンドン五輪で出された記録を大差で上回った。もし日本が参加できていれば、世界記録での金メダル二個に輝いているはずだった。それは国民に大きな力を与えたが、もし、あのときに現代のテクノロジーがあれば、古橋選手が世界一になる瞬間を見られたかもしれない。

私は、東京五輪が延期になるか中止になるかという議論のあったさなか、こんなことを夢想していた。

無観客の世界中の競技場にカメラを取りつけ、それをバーチャル空間で合成し、数千数万人が横一線になっているように見せる。もしそうなれば、世界一の選手も、あなたも、私も、私の息子も、近所のお母さんもみんなで一〇〇メートル競走の決勝に出場することができる。もしかしたら、オリンピック代表に選ばれなかった無名の人が世界一速いということがわかるかもしれない。

もちろんできる競技とできない競技があるだろう。また、風の影響や距離があることなどで、微妙な測定の誤差など完全に公平な状況はつくれないかもしれない。それでも、何もないよりはましではないか。そんなふうに思った。

五輪が開催されなかった場合に一番傷つき苦しむのはアスリートだ。アスリートのピークは短い。いまこの瞬間でしかできない技術があり、入れない境地がある。「この夏」に向けて準備してきたのならそこでしかできないものがあるのだ。

本書の「コントロールできないもの」という項で、「コントロールできないものを意識するのをやめ、コントロールできることに意識を向けよ」という考え方を紹介した。新型コロナウイルスの動きはコントロールできないものの最たるものだ。いつまで続くのか、それに伴う渡航制限などの政府の方針はどうなるのか、各種試合は開催されるのか。されるとしたらどんな形になるのか。これらはすべてコントロールできない。

そうなるとじつは選手は気にすることはほとんどないということになる。これまでどおり予選会に合わせて練習をする、延期された五輪に向けて練習を続けるだけだ。オリンピック延期に伴い、今後もさまざまな混乱が予想されるが、いろいろ想定しても、結局日々の練習を淡々とするということしか選手にはできないし、それこそがやるべきことだ。

今回のようなクライシスでは、コントロールできることは極端に限られている。そこに意識を向けて、喧騒から距離をとり、淡々とトレーニングを行うしかない。新型コロナウイルスによる影響は、自分だけに降りかかっているわけではなく、日本だけでもなく、世界中に降りかかっているものだ。この状況でパニックになって本来やるべきだったことから目をそらし、心が乱れて勝手に脱落していくアスリートもいる。クライシスでは番狂わせがおきやすい。クライシスは賢さや勇ましさより、愚鈍さが有利になる局面とも言える。

結局二〇二〇年の東京五輪は延期になったが、選手たちは自分の心の火を消さないように、明日のことだけを考えて日々を重ね、その日を晴れ晴れとした心で迎えてほしい。

為末 大　Dai Tamesue

1978年広島県生まれ。スプリント種目の世界大会で、日本人として初めてメダルを獲得。2000年から2008年にかけてシドニー、アテネ、北京のオリンピックに連続出場。男子400メートルハードルの日本記録保持者（2020年4月現在）。2012年現役引退。現在、Sports × Technologyにかかわるプロジェクトを行う株式会社Deportare Partnersの代表を務める一方、コメンテイターとしてメディアでも活躍している。ベストセラーとなった『諦める力』（プレジデント社）は、高校入試問題、課題図書などに多く選定され、教育者からも支持されている。最新刊は親子で読む言葉の絵本『生き抜くチカラ』（日本図書センター）。ブータン五輪委員会（BOC）スポーツ親善大使。

Winning Alone
ウィニング・アローン

2020年4月30日　第1刷発行

著者　為末 大
発行者　長坂嘉昭
発行所　株式会社プレジデント社
〒102-8641　東京都千代田区平河町2-16-1
電話　編集(03)3237-3732
販売(03)3237-3731

ブックデザイン　tobufune
編集　中嶋 愛
制作　関 結香
販売　桂木栄一　高橋徹　川井田美景　森田巌　末吉秀樹
印刷・製本　中央精版印刷株式会社

ISBN978-4-8334-2366-3